具STEM精神之
幼兒探究課程紀實

「一起創建遊戲樂園」主題

周淑惠◎著

/ 特別感謝 / 課程領導者：劉志輝、鄭良儀　　課程實施者：王碧蔚、黃靜芝

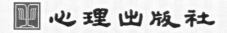

心理出版社

目錄

3　「一起創建遊戲樂園」主題探究課程之主軸活動剪影 …………………………………………… 039

作者簡介

周淑惠

現任：臺灣清華大學幼兒教育學系／所榮譽退休教授

學歷：美國麻州大學教育博士（主修幼兒教育）

　　　美國麻州大學教育碩士

　　　政治大學法學碩士（公共行政）

經歷：新竹教育大學幼兒教育學系／所教授

　　　新加坡新躍大學兼任教授

　　　澳門大學客座教授

　　　美國北科羅拉多大學研究學者

　　　美國內布拉斯加大學客座教授

　　　美國麻州大學客座學者

　　　新竹師範學院幼兒教育學系／所主任

　　　新竹師範學院幼兒教育中心主任

　　　行政院農業發展委員會薦任科員

考試：公務人員高等考試普通行政組及格

序

　　在完成數本著作後，本來以為 2017 年 11 月出版的《面向 21 世紀的幼兒教育：探究取向主題課程》，是本人此生告別學術舞臺封筆之作；然而就在出版之際，大陸幼教友人希望我能把富 STEM 精神、為 STEM 教育平臺的主題探究課程實例，加以整理、分析與發表，以供幼教現場教師之參照。本人深思後也覺得這件事情很有價值，因為目前許多人對偏理工領域的 STEM 教育不甚理解，然而它卻是目前世界各國面對人工智能新時代挑戰並欲強化國家競爭力，所挹注大量經費的教育政策。我自己是以幼兒數學、科學研究為核心向外擴展至幼兒課程與教學，考量為讓廣大的幼兒教師理解 STEM 教育意涵，並有鮮活的課程實例可以觀摩，進而促進 STEM 教育的落實暨培育能適存於未來世代的公民，因此決定重拾筆桿（電腦），投入課程分析之中。

　　這本書的撰寫過程，對我而言真是刻骨銘心之作，因為 2017 年底我動了髖骨重建手術，甫出院且個性閒不住的我，身體雖無法行動自如，腦子卻不停地轉，不斷地處於思考狀態中；在無法四處走動下，只好窩著身軀閱讀、分析，並將思緒振筆疾書。然而開刀後的身體狀況無法久坐，在期待早日完成心急之下，時站、時坐、時臥交替進行著撰寫工作，有些辛苦。還好只是分析一個學期的幼兒課程，而且去年 11 月中至年底入院前，已完成全書的構思與基本架構，遂一一將閱讀與分析結果納入架構中，然後在省思下進行統整與潤筆工作。

　　基於實徵研究，敝人自 2006 年起提倡本於社會建構論的「探究取向主題課程」，其實它是當前高品質幼教課程的指標，是各國幼兒教育國家層級課程文件所崇尚的。而另一方面，STEM 教育又是當前全球推動的教育政策，其推行範圍也及於學前階段。本書主要目的即在說明主題探究

課程與 STEM 教育的密切關係，藉著「一起創建遊戲樂園」主題探究課程的紀實與分析，顯現它充滿了 STEM 領域經驗，符合 STEM 教育的特徵，從而更加凸顯 STEM 教育的精髓；最後提出總結與 STEM 教育的具體實施建議。簡言之，主題探究課程實為 STEM 教育的平臺。我們可以在強調全人發展的主題探究課程基礎之上，以 STEM 教育各領域來檢視並強化課程，有心實施 STEM 者不必放棄原有基礎或重起爐灶，而且可從區角逐漸擴展並整合及強化愈來愈多的領域。

　　基本上，這個課程是臺灣親仁科園幼兒園中小班整學期的課程，是萌發在區角活動中，有六大主軸活動。在撰寫過程中，除第一章為全書基礎的文獻探討外，筆者閱讀每兩周出版一次的雙周報（共十期）與帶班教師整理的期末主題課程 PPT，並且在與課程領導者——園長劉志輝，以及帶班老師王碧蔚的不斷諮詢、討論與檢證中，方才定稿。此外，本書得以出版，也要衷心感謝出版倡議者——經略教育研究院院長任小寧，以及大力支持者——親仁本園園長鄭良儀。當然一定要感謝心理出版社總編林敬堯與編輯高碧嶸的全力支援，讓本書得以快速問世。最後還要感謝我的家人——先生與一雙兒女，於手術時與後的盡心照顧，我才能專心完成此書。

淑惠　寫於　新竹中城

2018 年 3 月 18 日

1

提供 STEM 平臺之
主題探究課程

「探究取向主題課程」簡稱「主題探究課程」，在幼兒教育界早已行之多年，例如：義大利瑞吉歐課程、美國方案課程、臺灣探究取向課程等，是當前高品質幼教課程的指標。而在另一方面，面對時代高速變化，近幾年 STEM 教育興起，各國為增強競爭力，均挹注大筆經費於各層級教育推展，許多人可能會好奇：它與現行主題探究課程的關係為何？筆者認為，強調「探究」與「統整」精神的主題探究課程是 STEM 教育的平臺，在主題探究課程基礎之上，讓著重解決問題且比較傾向理工諸領域整合的 STEM 教育，更能落實與彰顯。做為開宗明義第一章，本章即在探討目前炙熱的 STEM 教育是什麼？有何特徵與如何為之？探究取向主題課程是什麼？以及兩者間的關係，讓讀者有概略理解，以做為第三章課程紀實及第四章其 STEM 要素分析之鋪墊。

☆ STEM 教育意涵
☆ STEM 教育特徵暨作法
☆ 主題探究課程意涵
☆ STEM 教育與主題探究課程關係

　　近年來，許多國家為因應人工智能新紀元與增進國家競爭力，大力推行 STEM 教育政策，簡單地說，就是透過解決個人及社會問題，以為課程與教學的主軸，乃涉及科學探究與工程實踐歷程，並於其中運用數學與各項技術。誠如中國教育創新研究院（2016）的《面向未來： 21 世紀核心素養教育的全球經驗》報告，以文獻分析各國 21 世紀素養的各種作為，發現各國共通的課程為：基於真實生活情境的「跨學科主題」，且 STEM 已成為全球普遍認可的跨學科主題。

　　各國行動與作為如 2009 年美國政府公布《教育創新計劃》（The White House, Office of the Press Secretary, 2009），編列 26 億美元以培訓數萬名 STEM 教師（https://obamawhitehouse.archives.gov/the-press-office/president-obama-launches-educate-innovate-campaign-excellence-science-technology-en）。第二年出臺的《為美國的未來預備與激發 K-12 年級的 STEM 教育》（President's Council of Advisors on Science and Technology, 2010）報告，則提出幼兒園至高中的 STEM 教育（https://nsf.gov/attachments/117803/public/2a-Prepareand_Inspire-PCAST.pdf）。2013 年還成立了 STEM 教育委員會，公布五年聯邦計畫，大力推動 STEM 教育（https://www.Whitehouse.Gov/sites/whitehouse.gov/files/ostp/Federal_STEM_Strategic_Plan.pdf）。2015 年教育部與美國研究中心舉辦各界專家會議，並於 2016 年發布《STEM 2026》報告（US Department of Education, 2016），提出八大挑戰任務，明白指出開展幼兒時期 STEM 教育，即 STEM 教育融入既有幼教體系中（https://innovation.ed.gov/files/2016/09/AIR-STEM2026_Report_2016.pdf）。可見 STEM 教育已向下延伸至學前期階段，顯現美國政府的高度重視。

　　又 2017 年英國脫歐後，提出《建立我們的產業策略綠皮書》（UK Government, 2017），提出十項主軸建設，如投資於科學、研究與創新，發展技能，提升內部基礎建設等，意欲打造具高競爭力的工業與經濟國家。其中特別指出正視企業短缺 STEM 人才問題，投入大量資金改善一般

民眾的基本技能與建立科技教育系統。政府並承諾將建設英國成為世上最佳研讀數學、科學與工程的國家。事實上，2015 年政府已經投入 6700 萬英鎊的五年計畫，培訓 2500 名額外的數學及物理老師，並改進 15000 名非專業教師的能力（https://beisgovuk.citizenspace.com/strategy/industrialstrategy/supporting_documents/buildingourindustrialstrategygreenpaper.pdf）。可見英國政府對 STEM 教育勢在必行。

再如 2016 年中國教育部在《教育信息化「十三五」規劃》中明確提出 STEM 政策；2017 年又印發《義務教育小學科學課程標準》，倡導跨學科學習方式，建議在教學實踐中嘗試 STEM 教育。2017 年 6 月教育科學研究院在成立 STEM 教育研究中心的基礎上，召開第一屆中國 STEM 教育發展大會，並發表《中國 STEM 教育白皮書》及啟動中國 STEM 教育 2029 創新行動計畫（中國教育科學研究院，2017）。總之，STEM 教育已成為面對新時代、強化國家競爭力的教育改革與創新政策，各國均磨拳擦掌、不敢掉以輕心。

一、STEM 教育意涵

然而，STEM 教育究竟是什麼？其實它代表四個英文字的第一個字母：S 是科學（Science）、T 即技術（Technology）、E 乃工程（Engineering）、M 為數學（Mathematics）。現實生活顯示，科學、技術、工程、數學已經滲透、充斥於人類生活食衣住行育樂各層面，例如：涉及防疫科學的流感疫苗、再生抗老技術、基因改造技術、合成纖維、高鐵或隧道工程、網際網路、雲端技術與電子商務等，可以說所有人類欲加解決的生活問題與整部歷史文明的進步都無法脫離這四領域的運用。其各自意涵說明如下。

（一）科學

　　自古以來有關科學的意涵就有爭議，是過程（探究科學的方法）？抑是結果（科學探究後所得的知識）？抑或是含括過程、結果與情意（態度）多面向（周淑惠，1998）？目前，學界則偏向多面向的科學定義，即秉持愛好自然與客觀的態度去觀察、探究自然世界，以了解或回答其是如何運作的。

　　2013 年美國國家研究委員會（National Research Council, NRC）於《下一世代科學教育標準》（*Next Generation Science Standards, NGSS*）（National Research Conncil, 2013）中，以「實踐」（practice）替代原「探究」一詞，描述科學家對自然世界從事調查、建立模型與理論，以及工程師在設計、建立模型與系統時的一組行為；八項重要實踐為：(1)提問與定義問題；(2)發展與運用模型；(3)規劃與執行調查；(4)分析與解釋資料；(5)使用數學與計算思考；(6)建構解釋與設計解決方案；(7)投入證據的辯論；(8)以及獲知與評估及溝通（請參見 https://www.nap.edu/read/13165/chapter/7#42）。也就是說，科學教育不僅包含科學探究以獲得科學知識，還包括工程實踐以解決生活中問題，甚至運用數學與科技，這是當前科學教育的轉身。

（二）技術

　　「技術」一詞按照國際技術教育協會（International Technology Education Association, ITEA）所定義，係指創新、改變或修正自然世界，以符合人類的需求與願望（ITEA, 2007, p. 242）。因此，如遠古人類以堅硬石頭製作石刀、石斧或鑽木取火營生；繼而發明印刷術以保留人類文明；或是當今人類發明簡單機械如開罐器、削皮器、滑輪、齒輪等；甚或是創造更複雜的照相機、電腦與網際網路、手機與 APP、雲端技術等皆屬之。

換言之，任何讓生活較容易的工具均是（Sharapan, 2012）。職是之故，技術比較是指成果、發明物，如輪椅、線鋸、內視鏡、望眼鏡等，也可以是方法（程序或步驟），或者是某項基於知識的技巧，如印刷術、醫療上的微創手術、顯像技術等；它可以是插電的數位科技產品、技術，與非插電的工具類或技術面向。值得注意的是，數位科技產品應是用來幫助孩子的學習與激發思考，而非限制思考的記誦、練習或作業單式。

　　針對幼兒教育層面，筆者將技術分為四大類：(1)探查工具：供求知、探究、實驗、觀測用，如電腦上網、百科圖鑑、培養皿、放大鏡、天平、尺等；(2)記錄工具：供保留探究或製作歷程中的資訊或成果，如照相機、錄音、繪圖設施等；(3)製作工具：供工程活動製作時的實用工具，包括製作材料（如紙箱、紙質捲筒、膠板、鐵絲等）、黏合或釘製（如白膠、熱熔槍、鋸子、螺絲起子、手搖鑽、打洞機等）等工具；(4)方法（程序或步驟）或技術：意指製作時的程序、步驟或方法，如以積木搭建建物的方法有小心輕放、倚牆而立以為支撐、厚實地基等；或以知識為基礎的一套技巧、技術，如以積木搭建建物的技巧有堆疊、搭橋、封圍、對稱、型式等。

（三）工程

　　「工程」一詞按照美國 NRC 所定義，係指以一個系統的與經常是替代的方式去設計物體、程序與系統，以滿足人類的需求與願望（NRC, 2009, p. 49）；又根據 *"NGSS"*，工程設計是指形成透過設計可加以解決的問題，相對於科學探究是形成透過探究可加以回答的問題，二者間有些異同（https://www.nextgen science.org/three-dimensions）。簡單地說，工程始於一個問題，在考量各種解決的方案後，測試其可行否以及設法精進他們（Englehart, Mitchell, Albers-Biddle, Jennings-Towle, & Forestieri, 2016）。

　　綜合*"NGSS"*工程實踐與文獻，筆者認為工程涉及三大面向：設計、

思考與製作、改良或精進。設計係指依據問題需求與現實條件發想與計畫，而設計後則需進一步運用材質、技術或方法一面思考一面製作，並且在過程中持續改善、優化，以解決實際問題。Krajcik 與 Delen（2017）說得很好，無論是機器人活動或解決生活中的實際問題，工程設計都是 STEM 教育的關鍵想法、必要的活動，讓學生投入 STEM，也意味著讓學習者投入工程設計的程序，設計使得學生找到問題的解決方式。

（四）數學

數學涉及數量、幾何、空間、測量、統計等的知識，它存在於日常生活之中，與人類息息相關，例如：我們居住在世界的空間中，任何物體皆有形狀與皆占空間，移動軀體與物體以及空間中配置家具等均涉及空間方位與空間推理，甚而必須加以測量等；又如生活食衣住行育樂各面向均涉及數量多寡：戶外教學時清點人數、購物前統計數量、餐館消費後付錢結帳、購房前估算財務狀況等。同時數學也是推理、解決問題、連結與表徵、溝通的一種過程（NCTM, 2000），意指運用以上方法去獲得數學知識或解決生活上的數學相關問題，所以數學的思考方法與數學知識同等重要。雖然工程實踐是 STEM 教育的關鍵程序，然而在整個工程製作歷程中除運用科學探究與技術工具外，還必須運用數學知識及方法，方能製作合宜精進的成品，以有效地解決問題。

綜上所述，筆者以為 Zan（2016a）所言甚是，STEM 四領域的整合可以行得通，是所有的這四科都涉及相同的程序，即解決問題的過程，雖然解決的問題可能不盡相同；而只要是解決問題就必須透過求知探究與工程實踐，STEM 教育的核心就是探究與工程設計；而焦點於探究與設計的 STEM 教育有潛力成為支持學生學習科學與工程的大概念，以及重要的科學與工程實務（Krajcik & Delen, 2017），因此在未來人工智能當道的時代，極具重要性。

　　圖 1-1-1. 顯示生活中的 STEM 四個領域間之關係。一般而言,探究自然世界如何運作的科學是工程設計的基礎,例如:結構力學是橋樑與大樓工程的基礎;而在工程設計上除運用科學外,也必須運用數學,甚而合宜的技術如防震技術,以解決實際問題或產出產品。在另一方面,技術是科學或工程的結果或產物,然而它可回饋並運用於科學或工程領域,例如:在建築結構之防震技術是科學探究與工程設計的產物,然而它的出現會讓工程設計與科學探究更加容易進行或更有成果;再如醫學研究上所發明的微創手術、超音波,反過來讓醫學科學的研究更為順暢或更有成效。至於數學,無論是數學思考與方法或是數學知識,均可運用於科學、工程與技術三領域之上。

　　如圖 1-1-1. 所示,STEM 四領域在生活與專業中本就關係密切,職是之故,極有必要於各級教育中加以整合實施,STEM 教育有其必要性。研

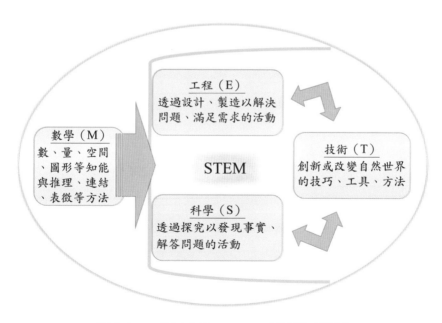

圖 1-1-1.　生活中的 STEM 四領域間之關係

究發現，整合性 STEM 教育對小學生具有最大效果，大學生效果最低，因此愈早進行 STEM 教育愈有效（Becker & Park, 2011）。其實 STEM 經驗緣起於孩子出生當其觀察與投入於周遭環境之時，因此正式的 STEM 教育或經驗式學習應始於嬰幼兒時期（Barbre, 2017; Zan, 2016a）。身為幼教工作者，要以日常語言開始來思考 STEAM，我們將發現這些課程並非是新的，他們很久以前就存在，而且到處皆是（Sharapan, 2012）。尤其在未來高速變遷的人工智能駕馭社會，更需依賴四領域的整合，個體具備 STEM 素養，將更形重要。

綜合上述，所謂 STEM 教育係指：**針對生活中的個人與社會問題，透過工程的設計、製作與精進的核心活動，以為課程與教學主軸，歷程中並整合運用科學與科學探究、數學與數學思考、以及技術與工具，以促進製作的品質暨解決實際問題。**簡言之，它是以製作物為學習的「載體」，如圖 1-1-2. 所示，是有目標、針對問題的工程活動，以設計、製作與精進為核心「歷程」，強調動手操作與動心思考，但是必須統整運用技術、數學與科學等各領域，以解決實際問題。

如上 Sharapan 提出 STEAM，他與 STEAM 有何不同？美國 Tuft 大學 Erikson 中心（Erikson Institute, 2017）在《早期 STEM 攸關重要：為所有幼學者提供高品質 STEM 經驗》（*Early STEM Matters: Providing High-Quality STEM Experience for all Young Learners*）一書中指出：討論、視覺化與其他形式的表徵（如繪畫、寫作、圖表等），應是 STEM 學習的核心之一，亦即 STEM 宜含括部分藝術與表徵層面。然而，也有學者主張在 STEM 外，明白加入藝術（Arts, A）面向，使成"STEAM"，例如：Land（2013）指出，藝術融入科學中，能使學生在分析真實世界問題時，不僅運用聚斂思考，而且也能運用擴散思考以產生相對應的解決策略；即將藝術融入 STEM 課程，可提供學習者創造個人意義與激勵自我的渠道，以建構學習。

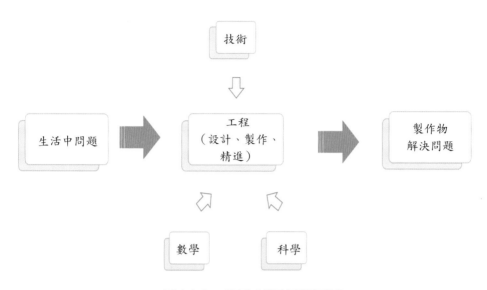

圖 1-1-2. STEM 教育意涵圖示

Sousa 與 Pilecki（2013）更出版專書《從 STEM 到 STEAM：運用腦力相容策略以整合藝術》（*From STEM to STEAM: Using Brain-Compatible Strategies to Integrate the Arts*），指出藝術是人類經驗的基礎，強調「藝術的力量」，例如：激發幼腦發展、使認知成長、促進創造力、增進長期記憶、減少壓力等，用以說明為何 STEM 必須成為 STEAM；並指出音樂、美術、舞蹈、戲劇、影片、創意寫作、建築、園藝與景觀設計等，都是藝術的形式。可見其藝術是指廣義的人文藝術領域。

雖然 STEAM 已被大家認同，但有關藝術的角色，各家看法不一，大約有三種不同的觀點：(1)藝術被視為工具，是學習STEM各領域的工具；(2)藝術培育圓滿的個體即全人發展，進而提供STEM知識發展的基礎與必要條件；(3)人文藝術與某些知識反而可透過 STEAM 加以培養（Ge, Ifenthaler, & Spector, 2015）。

確實在幼兒教育方面，藝術融入 STEM 成為 STEAM，提供幼兒以創意、想像方式來說明STEM概念，例如：以音樂律動、描述性語言溝通、

繪畫、圖表、模型等表達說明想法（Sharapan, 2012）；甚而幼兒不僅會運用戲劇性遊戲、積木建構、繪畫、說寫故事、創造等來表徵他的想法，在表徵前的規劃設計作品與人合作及溝通時，也會運用它（Lindeman & Anderson, 2015）。此外也有學者加入閱讀（Reading, R）於 STEM 成為「STREAM」。筆者贊同 STEM 加入廣義的藝術層面或閱讀面向等，當然它可以加上任何的字或領域，使其更為廣泛，但此一詞彙提出時是以 STEM 面貌出現的，為反映原提倡之意，故以 STEM 論述之。

二、STEM 教育特徵暨作法

　　至於 STEM 教育如何實施？臺灣學者范斯淳、游光昭（2016）綜合文獻分析，指出STEM課程規劃應具七項特性：(1)以真實世界的問題情境或議題為旨；(2)以方案專題、問題導向或探究性學習為課程設計主軸；(3)具明確課程目標、內容與能力指標；(4)提供學習者為中心的經驗；(5)強調 STEM 各學科間整合；(6)重視邏輯、批判等高層次思考的培育；(7)強調課程與職場的連結性。大陸學者張俊、臧蓓蕾（2016）指出，STEM 教育基於三大理念：(1)真實環境中真實問題的「問題意識」；(2)面對問題與需求通過設計出成品的「工程意識」；(3)以及運用多學科知識解決問題的「融通意識」，因此在幼兒園教學實務上應強調尋找孩子生活中的需求或現實問題，引導孩子設計、製作、改良以解決問題，而在過程中要運用各學科知能與技術工具。

　　而前述美國 Tuft 大學 Erikson 中心指出，幼兒 STEM 教育的四項指導原則為：(1)孩子需要成人協助以發展STEM傾向；(2)表徵與溝通是STEM學習的核心；(3)成人對 STEM 的信念與態度影響孩子；(4)有系統地建立基本學科知識。其實，書中所載之高品質 STEM 資源之七項原則，對STEM教育之落實亦相當有幫助，包括：(1)內容與方法要適性發展；(2)情境要與每日生活連結；(3)強調數學與工程及科學中的大概念；(4)教材對於教育者也需具教育性；(5)提供孩子積極投入於 STEM 實務的機會；(6)支持孩子自主探究；(7)妥當運用科技。

　　Moomaw（2013）在《於幼兒時期教導 STEM》（*Teaching STEM in the Early Years*）一書中提到四項有效的教學策略為：(1)有意圖的引導教學；(2)為學生理解而教；(3)鼓勵學習者探究；(4)以及提供真實世界情境。Krajcik 與 Delen（2017）認為，環境必須圍繞著待解決的問題而加以組

織，激勵學生運用他們所學的科學與工程想法，教室資源要基於學生經驗以呈現現象與設計問題、進行調查、運用技術或工具，並閱讀足以擴展一手經驗與科學素養的教材。

　　在實務上的具體實施方面，其實作法大有差異，從只是針對 STEM 某一特殊內容進行每星期一至兩小時的課堂，或是插入式的強化專班，到有意連結 STEM 所有領域內容與實務的完全整合課程（Selly, 2017）。有關幼兒 STEM 教育方面，Moomaw（2013）指出，它可以在教室區角進行，也可以以班級方案（項目）的方式探索，而且戶外場地及校外教學皆可落實，甚至是每日生活事務或活動也可涉及，它是無所不在的，然而一個課程與活動中至少要整合兩個 STEM 學科領域。其實在幼兒教室中，STEM 與早期 STEM 式的探索已經發生在學習區角中了，吾人可強化此種探究學習（Englehart, Mitchell, Albers-Biddle, Jennings-Towle, & Forestieri, 2016）；筆者以為有心試行者，可以從各個區角開始強化，逐步擴展並日益整合愈多領域，使成為統整性主題課程或方案。

　　綜合文獻，歸納幼兒 STEM 教育有四項特徵暨實務作法，茲說明如下。

（一）面對生活真實問題以「解決問題」為目標

　　STEM 教育第一項特徵是，在課程設計上，師生選定現實生活中待解決的問題加以探究，其目的在於解決問題，而遊戲就是幼兒的生活，因此對幼兒而言，可以是生活中或遊戲中所遇到的各類問題。例如：為解決新收留的流浪狗無地方居住問題，幼兒設計與製作遮風避雨的小屋，但是在過程中發生門無法自動閉合、屋簷太斜擋住門口出入等問題，於是投入設法解決的行動歷程中。或者是幼兒在戶外遊戲場想要玩自製溜滑梯的遊戲，順便也可比賽不同物體的滾動狀態，乃動手製作可溜的滑梯，但木板老是無法架穩於支柱上，於是投入設法解決的實際行動中。

其實生活中有待解決的問題很多，例如如何解決園中或班上的資源回收問題？如何讓戶外遊戲場去單調化使之更加好玩？如何解決班級菜園的瓜棚老是倒塌的問題？可探究與解決的事務，似乎俯拾皆是。

（二）運用探究能力以求知、理解的「探究取向」

　　孩子在解決問題的歷程中，必須運用觀察、推論、查資料、記錄、預測、實驗、比較、溝通等的探究能力，以求知並理解事物運作的原因、因果關係與影響因素，如此方能順利地解決問題，即欲解決問題，則必先探究，探究是 STEM 活動的重要方法。例如：幼兒想幫班上飼養的小倉鼠蓋遊樂小屋，有關小倉鼠的習性是什麼？喜歡哪些遊戲設施（如鞦韆、滾輪、滑梯、迷宮等）？要用什麼材質來蓋才合適？要如何設計才能流通空氣且易於清理衛生？都是孩子要一一探究與理解的。甚至在過程中遇到新的問題，也必須不斷地探究其中原因與設法解決，例如滾輪常卡住無法轉動順暢、斜坡道與滾輪間常發生動線干擾、迷宮太簡單倉鼠沒有興趣等。

（三）運用設計、製作與精進的「工程活動」

　　工程活動是幼兒 STEM 教育的主要歷程架構，一開始孩子面對問題必須先了解問題的本質、需求與現實限制如材料、預算、技術等，藉以思考與設計可能的解決方案；然後依據解決方案去實際動手製作，看是否可行。而在歷程中一定也會遇到新的問題有待解決，必須不斷地思考與探究，如此在行動中不斷地試行、驗證與改善，最後提升製作的品質。例如：流浪狗小屋的窗戶與門要開在哪裡才合適？屋頂外延長度與傾斜角度要多少才能遮雨和防曬？木頭不太能防水該怎麼辦？沒有鋸木頭的大型鋸子該如何替代？以上這些在設計與製作階段都是要思考與實作驗證的，然後才能日益精進狗屋的品質。所以它是個以製作物為載體，歷

經工程設計與製作程序，最後解決生活中問題的教學活動。

（四）運用科學、數學等與各類技術的「統整課程」

在倉鼠遊樂小屋的工程實作時，如滑梯坡度（斜率）、翹翹板與滾輪轉動等的設計都與科學原理有關，孩子必須先運用探究能力加以理解其中原理與因果關係。其次屋頂與各項設施要用多少木片、冰棒棍等都要計數與估算，材料剪裁時要比較、測量，在小屋中配置多元遊樂設施則涉及空間安排與推理，以上這些都涉及數學內涵。又在過程中很可能會運用電腦上網、小百科查詢現成遊樂設施的影片與圖片，運用手搖鑽、美工刀、打洞機、摺疊鋸等切割木材、冰棍或膠板，使用熱熔槍、白膠、泡棉膠膠黏材料，並用手機拍攝不同階段各版本作品，以供留存與事後比較，在在都需運用技術。可以說在整個歷程中，各學科領域知能都整合在此一小倉鼠遊樂小屋的方案中，是一個統整性的課程。

以上四項特徵與實務作法，涉及 STEM 教育的目標（解決生活問題）、方法（探究）、活動（工程）與課程（統整性課程）。筆者極為認同 Krajcik 與 Delen（2017）所指，STEM 教育的目的應是賦權學生具有知能，以解決挑戰性的問題；而具有「我能做到」的自我意識是很重要的，它可以幫助學習者成為勝任 21 世紀的公民，亦即準備今日的學習者以於明日發明或想出解決方案，故而 STEM 教育宜從學前期就開始紮根。

三、主題探究課程意涵

顧名思義，主題探究課程是刻意強調「探究」精神的主題課程。筆者之所以提倡探究課程之最主要考量，簡言之，乃因成為會主動求知探究的「求知人」，為新紀元高度變動與競爭社會的重要教育目標之一（周淑惠，2006），即探究是資訊時代學校的根基，探究學習能幫助學校迎接挑戰，預備學生，使其能於資訊化的環境中勝任工作與生活（Kuhlthau, Maniotes, & Caspari, 2015）。進而闡論之，基於綜合 UNESCO 的五大學習支柱——求知、學會做事、學會共生、學會發展、學會改變，美國新世紀技能聯盟的 21 世紀人才 4C 能力——批判思考與解決問題、創造力與創新、合作、溝通，以及本人針對未來紀元所需培育人才——求知人、應變人、地球人、科技人、民主人、完整人，筆者歸納：探究力、創造力與合作共構力為未來社會所需三大能力，而基於社會建構論的主題探究課程即能培養此三大能力，故大為推崇之（周淑惠，2017a；周淑惠，2017c）。

綜合各方文獻，筆者將主題課程定義為，**通常是師生共同選定與生活有關且含涉多學科面向的議題或概念，做為學習之探討主題；並設計相關的學習經驗，試圖「探索」、「理解」該主題且「解決」探究過程中相關的問題，以統整該主題脈絡相關的知識與經驗。**而它的特徵便是具有統整性與探究性（周淑惠，2006，2017a）。詳而言之，在課程設計上，它藉用網絡圖分析知識結構與設計達此目標之活動；在課程內涵上，它統整了孩子的經驗、知識、社會層面（Beane, 1997）；而且在教學實務上，孩子一面探究，一面運用知識並獲得知識。可以說主題課程是學科知能於主題的探究歷程中，得以同時「發展」與「運用」的課程，例如在探究小書架如何製作的歷程中，一面運作測量、等分、平衡與結構概

念去裁切木頭，並運用美感原則去彩繪與設計，一面則發展了測量、數學、科學與美感方面的相關知能。學科知識之界線是模糊的，相關知能是統合於此生活化議題或情境中，因此具探究性的課程自然具有課程統整的特性。

承上論述，主題課程本具有探究性，筆者為何還冠上「探究」取向的主題課程或簡稱主題「探究」課程？此乃鑑於主題課程的探究本質，於坊間實務多被忽略，名為主題課程，卻無主題課程探究之實，甚是可惜。以《面向 21 世紀的幼兒教育：探究取向主題課程》（周淑惠，2017a）一書中所舉之「可愛的寵物」主題為例，環觀整個教室貼滿可愛的寵物圖片與開架陳列寵物相關圖書；團體活動時教唱小狗汪汪兒歌並進行律動，製作與分享各組以動物命名的桌貼或餐墊，以及製作與烘烤動物餅乾；角落活動為閱讀寵物相關繪本、拼組寵物造型拼圖、以積木建蓋動物園等。整體而言，在此主題進行中似乎也涉及或連結美勞、律動、語文等領域活動，但是孩子並未使用學科領域知能去探討寵物相關的問題，以獲得對寵物的理解或解決相關的問題。換言之，課程活動只是一種「鬆散的」連結，未具探究性，當然也無法達到各領域知識之統整性。

反之，在一個真正具探究性的主題課程中，幼兒可能會探討：寵物有什麼習性？主要食物是什麼？平日如何照護？生病了怎麼辦？為什麼社區中流浪貓、狗很多？要如何防治？如何建造一個貓的樂園（如有洞穴、高臺、自動逗貓棒等）等？而為了探討以上問題，則勢必要運用相關探究能力如觀察、訪談、推論、查資料、實驗、記錄、溝通等（此即源於科學領域「探究教學」所強調的能力，將於以下接續討論）。而當探究到貓的習性或相關知識後，例如：大小便後以沙蓋住、開心時發出呼嚕嚕聲、好奇心強、喜歡爬到高處俯瞰、喜歡躲藏於封閉小空間、鼻頭乾時可能是生病徵兆等，就可運用於貓的起居照護、與其相處與遊

戲、為其搭蓋可俯瞰與躲藏的貓樂園等（圖 1-2-1.）。以上課程的內涵與進行絕「非」呈現鬆散連結有如拼盤式的各種活動。因此，筆者特意冠名探究以示強調真正具有探究精神的主題課程：運用探究相關能力與領域相關知能去探究主題，並獲得主題的相關知能且能即時運用於主題中，達到真正的課程統整境界，而非只是各領域活動的大拼湊。

　　再以較大孩童的「環保新生活」主題為例，在探究過程中學童勢必運用探究能力與領域相關知能，例如：觀察、蒐集並拍照社區環境保護工作現況，推論垃圾與污染可能原因，訪談居民與專家了解或驗證所推論原因，計數與測量污染處、污染源及面積，查閱相關資料（如小百科全書、上網）以了解污染緣由及防治技術，並針對環境破壞與污染思考和設計可能的解決方案（如設計與放置分類回收桶及標誌、籲請市府立法、提出垃圾回收獎勵方案、舉辦回收物創作比賽與義賣、製作環保宣傳影片等）。當在向社區呈現環保工作現況與提出具體建議時，更需運

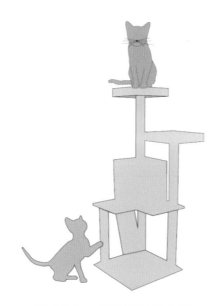

圖 1-2-1.　貓的樂園示意圖

用在探究歷程中所獲致之污染成因、污染防治方法、環境保護等知識，以及使用數學、語文、科學、藝術等學科知能，以製作相關圖表、海報、簡報 PPT 或邀請函，方能清晰與系統地呈現主要訴求，順利地溝通整個歷程之探究結果，喚起社區居民的環保意識與具體行動。其實以上探究取向的主題課程也可適度調整於幼兒園實施。

　　職是之故，如果主題是與生活相關、有趣、能激發人心的，在探究主題的歷程中，孩子有機會同時運用與發展主題的相關知能，各領域知能是自然統整於此生活化與有意義的主題情境中。因此，教師必須小心規劃並知道如何為孩子的學習獲得連結的、有意義的與相關的知識，提供能鼓勵與支持孩子自發性探索的主題課程（Krogh & Morehouse, 2014）。

　　至於「探究」，若簡單地說，它是科學家為試圖回答他們所感興趣的問題，所運用的有系統方法（Lederman, 1999），即回答問題或解決問題的求得科學知識的方法。根據近年 NRC（1996, p. 23）所頒布的《國家科學教育標準》（*National Science Educational Standards, NSES*）所載，科學探究之要義如下：

　　　探究涉及觀察、提問、查書與其他資料以了解已知、計畫調查行動、依據實驗證據檢視已知部分、運用工具以蒐集與分析及解釋資料、提出解答與解釋及預測、並溝通結果的一個多面向活動。

　　顯然"*NSES*"之探究關乎科學家研究與了解自然世界的觀察、預測、實驗、溝通等方式與能力，即所謂的「科學程序能力」（Scientific process skills）（周淑惠，1998）。其後 NRC 於 2000 年出版《探究與國家科學教育標準：教與學的指引》（*Inquiry and the National Science Education Standards: A Guide for Teaching and Learning*）補充書籍，指出探究教學應有共

同成分，即五個步驟或階段（NRC, 2000, p. 35）：投入、探索、解釋、延伸、回顧與評量，對吾人理解應如何實施探究教學或探究學習有所幫助。

2013 年 NRC 又發表了"*NGSS*"，雖以「實踐」（practice）替代原「探究」一詞，仍強烈反映解決問題與探究取向的特性。實踐描述科學家對自然世界從事調查、建立模型與理論，以及工程師在設計、建立模型與系統時的一組行為；此八項重要實踐已於前面論述 STEM 中之科學意涵提及（請參見 https://www.nap.edu/read/13165/chapter/7#42）。

將 "*NGSS*" 八項實踐對比 "*NSES*" 的探究能力，均指科學家用以發現科學知識的重要方法；不過 "*NGSS*" 還特別說明科學探究與工程設計之異同：相對於科學探究是形成透過探究可回答的問題，工程設計是形成透過設計可解決的問題，並說明科學、數學、工程及技術與日常生活的相關性。即正式納入此四領域：簡稱 STEM 於科學教育中，以因應未來時代的變革。申言之，科學教育不僅要探究，而且也需工程設計與實踐以及運用數學與技術，即與 STEM 結合（請參見 http://www.nextgenscience.org/three-dimensions）。

其實探究不僅適用於科學領域，所有學科均可運用。它是人類學習的基本方式（Anderson, 2002），任何學科都需要探究與科學思考（Zuckerman, Chudinova, & Khavkin, 1998）。Audet 與 Jordan（2005）在《於跨課程中探究的整合》（*Integrating Inquiry Across the Curriculum*）一書中，不僅在科學領域，而且在數學、社會學科、歷史、地理與語文等諸領域，均有專章論述探究的運用。又 Treadwell 也認為它是一種廣泛的學習方式，為達日益理解的目標，必須經過探究學習，乃跨越科學領域，是課程典範的核心要素（引自黃湃翔、高慧蓮、陳淑敏、黃楸萍，2014）。職是之故，統整各領域的主題課程納入探究精神，乃為極其自然與正確之舉。

在抱持「任何學科領域皆可探究，非僅囿於科學領域」的信念下，筆

者基於國科會實徵研究於 2006 年發表的《幼兒園課程與教學：探究取向之主題課程》一書中，提出「探究取向主題課程」此一詞彙，將科學領域中獲得科學知識的探究能力即「科學程序能力」（Scientific process skills）：觀察、比較、分類、排序、測量、推論、預測、實驗、記錄、溝通等，於幼兒園主題課程情境中特意強調運用之，以凸顯主題課程原有之探究特性，並且與坊間缺乏探究精神、有如各學科領域拼盤的主題課程有所區別。其後便將研究成果用於輔導幼兒園落實之，本書中課程實例即為筆者曾深耕之園所的課程。

世界上負有盛名的義大利瑞吉歐課程與美國的方案課程，均深富探究性（Krogh & Morehouse, 2014），幼兒在主題或方案中運用探究能力深入探討某一議題或解決某一問題。以瑞吉歐「噴泉：為小鳥建造樂園」課程為例，在決定幫小鳥蓋有很多噴泉與水車的樂園後，幼兒曾外出觀察噴泉、繪圖記錄、以各種方式表徵想法、推論噴泉如何運作、實地玩水探索水壓與水車、對談討論與下結論等。令人驚豔的是，最後在師生共構下，真的做出有水噴出的各式噴泉（如雨傘噴泉、吸管噴泉、摩天輪噴泉等），以及可供小鳥玩樂的其他設施（如水車等）（周淑惠，2006；黃又青、詹佳蕙譯，2000；張軍紅、陳素月、葉秀香等人譯，1998）。這無疑地充分顯現探究的特性，並在主題探究中運用與發展相關知能。

臺灣坊間也有一些幼兒園所實施的主題課程頗具有探究特性，例如：愛彌兒幼兒園、四季藝術幼兒園、南海實驗幼兒園等均享有盛名並出版課程紀實，成為師資培育的參訪對象與學習教材。以最早成立的愛彌兒幼兒園「鴿子」主題為例，在幼兒自己記錄的《鴿子的研究書》一書中，充分顯現其乃透過各種探究能力，如觀察、記錄、推論、實驗等，以建構鴿子的知識與了解，包括鴿子吃什麼？如何飛行？會游泳嗎？等（臺中愛彌兒教育機構、林意紅，2002）。

綜上所述，任何的主題情境均可讓幼兒探究，無論是美國深入探究的

方案教學、顯現多元表徵的瑞吉歐經驗，或是臺灣探究取向幼兒園的課程，雖然各具有特色，均顯示幼兒在主題情境中一面積極地「探究」，一面「運用」與「發展」主題相關知能或解決相關問題，實有別於傳統教師主導、灌輸的教學型態，這就是探究取向主題課程的重要精神。總之，它是一個在本質上強調探究能力與精神，在歷程中運用與發展知能，以及真正做到統整各領域的課程，但是它可以有多元的表現形式。

四、STEM 教育與主題探究課程關係

　　探究取向的主題課程其主題可以是偏科學性的主題，也可以是偏社會性的主題，均可加以探究；前面提到 "NGSS" 指出，科學教育不僅需要探究，而且也需工程設計與實踐以及數學與技術，即運用 STEM 知能，就此而論，任何主題皆可探究的主題探究課程自然可與 STEM 結合。事實上，探究取向主題課程涉及多個學科的生活議題，幼兒在探究歷程中，試圖理解該主題或解決相關問題，它所運用的方法、策略就是在「科學」教學中所強調的探究能力；而且思考與設計相關步驟或方法以解決相關問題或理解該主題，這就涉及了「工程」實踐面向，事實顯示許多主題探究課程到後期的高峰活動或歷程展都呈現了孩子們的設計、製作與改良的成果。又在探究與解決問題歷程中以及其後的表徵行為中，自然運用「數學」知能與思考、「技術」工具，以蒐集與呈現資料或製作物品，因此它瀰漫 STEM 教育的內涵與精神（周淑惠，2017a）。

　　以前述的「環保新生活」課程為例，它確實是孩子運用探究方法如觀察、訪談、推論、驗證、查閱資料、溝通等，在歷程中綜合運用科學、工程設計思維（如設計與放置分類回收桶及標誌、舉辦回收物創作比賽與義賣、製作環保宣傳影片）、技術（如運用電腦上網找資料、運用照相機蒐集污染現況、運用尺測量等），以及數學（計數與污染處所、測量污染面積、製作統計圖表呈現結果等）等領域知能，試圖了解污染成因、污染防治等知識，並且解決現實生活中的環境污染問題。

　　筆者曾分析兩個探究取向主題課程的實例——「木頭真神奇‧看我變魔術」、「環保小創客」，發現其實在探究歷程中，就充分運用這四領域知能，也解決生活中的相關問題，充滿了 STEM 經驗（周淑惠，2017b），且與上部分筆者歸納的 STEM 教育四特徵相吻合——以解決生

活問題為目標、以探究求知為方法、係設計與工程的活動、屬統整學科知能的統整課程。又 Helm 與 Katz（2016）曾分析了「飛機」方案課程實例，認為方案教學為 STEM 經驗提供良好的平臺與機會，因為它是孩子學習的自然方式，提供 STEM 學科重要的整合經驗；Katz（2010）也分析「球」的方案探究，發現方案教學與 STEM 教育息息相關。

筆者在臺灣提倡探究取向主題課程，乃特意強調科學探究能力以因應未來高速變遷或人工智能時代的需求（周淑惠，2006，2017a），事實上它在幼兒教育已行之多年，是高品質幼兒教育的指標。其實主題探究課程不僅充滿 STEM、STEAM 經驗，充分運用這些領域知能，符合當代各國教育趨勢；而且其涉及層面更為廣泛，因為具探究性與統整性的主題探究課程是以培養「完整兒童」為目標，關照幼兒的全方位發展，著重認知、情意、技能以及各領域全面且統整發展，不僅涵蓋 STEM、STEAM 的範疇，且超越其範圍。例如：亦觸及人際關係與合作、情緒管理、體能健康等領域。本書即在介紹「一起創建遊戲樂園」主題探究課程的發展與主要活動，除了課程紀實外，筆者也進一步分析其 STEM、STEAM 成分及其他領域成分，以印證以上所言。

在文獻探討、課程分析與省思後，筆者可以確認的是：(1)無論是主題探究課程或是 STEM 教育，都強調幼兒解決問題的重要性，而欲解決問題則必伴隨探究行動；(2)無論是主題探究課程或是 STEM 教育，都具課程統整特性，然主題探究課程的統整性更勝於 STEM；(3)主題探究課程之精神是探究，乃為 STEM 教育平臺，讓以解決問題為目標的 STEM 教育易於實現；(4)無論是主題探究課程或是 STEM 教育，都重視操作行動與驗證，對幼兒言直接經驗甚為重要；(5)無論是主題探究課程或是 STEM 教育，都強調教師的鷹架引導角色；(6)無論是主題探究課程或是 STEM 教育，都看重教師的態度與勇於嘗試科學性活動。

不過，筆者深深以為，強調全人發展的探究取向主題課程，可能更能

培育未來時代所需人才。聯合國教科文組織（UNESCO, 1996）在《學習：內在的寶藏》（*Learning: The Treasure Within*）報告書中指出，21 世紀快速變遷社會的四大學習支柱——求知、學會做事、學會共生、學會發展（http://unesdoc.unesco.org/images/0010/001095/109590eo.pdf）；後來其教育研究所於 2003 年又加了第五支柱——學會改變。筆者以為求知、做事、發展、改變固然重要，學會與他人「共生」的人際相處、人性面向，也是未來教育的著重點。誠如 Friedman 針對未來人工智能時代，所提出 "Stempathy" 人才需求——綜合運用數理科技與同理、關懷等人際關係技巧的工作人才（廖月娟、李芳齡譯，2017），其著眼點是：在大多數工作被機器取代或必須配合機器的未來時代，工作者除必須具備運用當代科技的能力，而且還須具備冰冷科技以外的人性面向能力，例如：醫生不僅要運用科技進行手術，判讀科技顯像設施，還要具備愛心、耐心與人性關懷能力，給予病患適切的關心與同情。

　　總之，強調探究精神的主題探究課程不僅提供 STEM 的平臺，易於實現 STEM 教育精神，而且超乎其領域範疇，尚且關注情緒、人際社會、體能等面向，即關心幼兒全人發展，可能更能符應未來時代之需。職是之故，在幼兒教育為優質課程指標且已行之多年的主題探究課程，可以做為 STEM 教育的基礎，在此之上強化 STEM 各領域，更形容易，且更能達成 STEM 教育的目標。

2 「一起創建遊戲樂園」主題探究課程之背景資訊

　「一起創建遊戲樂園」主題探究課程是在親仁科園幼兒園全園大主題「玩具」下，甜甜寶石班依據幼兒的興趣萌發出來的整學期課程，而整個主題活動多是從區角自由探索發展出來的。本部分即在簡要介紹相關背景資訊，例如：園方歷史、園方課程、班級幼兒與老師、班級區角環境、班級課程、本課程發展歷程等，以利理解第三章「一起創建遊戲樂園」主題探究課程之各項主軸活動，並做為後續章節有關 STEM 成分分析之基礎。

☆園方背景資訊
☆班級背景資訊
☆課程發展資訊

一、園方背景資訊

在此先行介紹親仁實驗幼兒園的歷史背景與現況，包含歷史發展及現況、園方課程走向與各班課程關係為何。

（一）歷史背景

親仁實驗幼兒園於 1987 年成立，位於臺灣北部科學園區所在的新竹市市區，市區內有知名的清華大學、交通大學、工業研究院等。她原本是私立托兒所，運用坊間教材施行分科教學，後因老園長健康因素不克經營，乃由園中的家長鄭良儀接手營運。鄭園長具有國外幼教碩士學位，並在大學兼課，秉持開放教育、以幼兒為重、主動學習的理念，從接任第二年即 2003 年起就積極致力於園所的課程轉型，立意揚棄坊間出版的現成教材，實施由教師自編教案的主題課程。由於改革行動突速猛進，未考量教師、家長等多方因素，因此初始總在跌跌撞撞中摸索著，曾歷經教師與幼生大量流失、幾乎無法生存的窘迫局面。

2006 年之際，筆者完成國科會研究並出版專書提出「探究取向主題課程」，在鄭園長極力敦請下，透過臺灣教育部幼兒園輔導計畫進入該園輔導課程。在彼此對談與建立共識後，首先依據社會建構論確立園所之主軸課程──「以幼兒興趣為探究取向的主題課程」（周淑惠、鄭良儀、范雅婷、黃湘怡等，2007）。其後，歷經數載課程革新終於日趨穩定，但仍持續著重專業成長，開放園所成為研究與實習的場域，並經常於國內外研討會分享課程，也逐漸成為國內、外專業團體的參訪對象。目前親仁實驗幼兒園（以下簡稱本園）（圖 2-1-1.）全園共有五班，採混齡編班。

2012 年，由於本園的課程頗具口碑、廣受家長信服，鄭園長便於新

圖 2-1-1. 親仁實驗幼兒園　　　**圖 2-1-2.** 親仁科園幼兒園

竹市成立分園——親仁科園幼兒園（以下簡稱分園）（圖 2-1-2.），共九個班，以本園優秀教師劉志輝擔任分園園長，延續本園之「以幼兒興趣為探究取向的主題課程」。成立之初隨即招生滿額，至今依然年年滿額。與本園相同的是，分園持續著重專業成長，成為研究與實習場域，也經常參與國內外研討會並為各專業團體的參訪對象。

（二）課程走向

親仁幼兒園立基於強調親師生共構的「社會建構論」，實施「以幼兒興趣為探究取向的主題課程」，著重統整性與探究性。每學期開學前由園長與教師討論出一個全園的大主題方向，然後各班依據班上幼兒興趣與需求，逐漸鎖定並發展為該學期的主題課程，因此每班的主題名稱與活動方向均不相同。例如：2017 年下半年分園的全園大主題是「玩具」，各班所發展出的小主題分別有：以搭建建構性玩具與回收素材為主的「一起創建遊戲樂園」、以製作陀螺與遊戲為主的「轉轉戰士玩玩具」、以建構各類管子與遊戲為主的「管管樂園」，其他班主題尚有「木頭真好玩」、「寶特瓶‧玩很大」、「玩具車」、「旋轉的玩具」等。

由於實施的是具探究性的萌發課程，從鎖定幼兒興趣到開展為學期主

題，以及統整為期末供家長參與的主題歷程展，在在考驗教師的能力。為顧及各班課程與教學品質，除園長全時在園進班輔導課程走向與內涵，且隨時開放時間與老師討論課程進展外，每星期均有一次園務會議兼教學會議，分享與討論各班的課程，每月也有一次的讀書會，交流讀書心得與藉此了解各班課程進展狀況。此外，隔周一次深入分析教學歷程中幼兒探究表現與教師鷹架的主題課程「雙周報」，不僅提供園長跟進各班課程內涵的機會，而且也讓教師藉機統整與省思自己班的課程與教學。

二、班級背景資訊

　　「一起創建遊戲樂園」是分園的中小班甜甜寶石班的課程，本部分簡介「甜甜寶石班」的班名從何而來、班上幼兒的分布狀態、老師的資歷，以及班上每日的作息時間、教室區角環境規劃等，以促進讀者對課程背景的了解。

（一）班級成員——幼兒與教師

　　親仁所有的班名全是班上幼兒自己命名的，各班班名諸如可愛螳螂班、球球長大班、恐龍牛奶班、鑽石糖班、玩具總動員班、陀螺班等。甜甜寶石班幼兒多來自新竹科學園區與附近社區的家庭，男生與女生各半，混齡組成：中班 17 位、小班 7 位（參見表 2-2-1）。兩位帶班老師王碧蔚與黃靜芝均為科技大學嬰幼兒保育系畢業，並修畢幼兒園教師師資職前教育課程，年資分別為九年與三年半，在親仁的年資分別為一年半與三年半。

表 **2-2-1**
中小班甜甜寶石班的幼兒組成分布

班別　　　　性別	男生	女生	總計
中班	10	7	17
小班	2	5	7
總計	12	12	24

（二）作息時間

　　甜甜寶石班的每日作息大同小異，每天上午戶外運動後，均有一段充

足的時間於學習區區角進行主題探索，即使是星期一的公園日，也會運用這個機會一面散步一面探索主題相關事物。除週三外，每天下午是主題美語時間，採融入式教學，英文教學內容與主題課程內涵是統整的，也就是上課前英文老師必須與班級老師充分溝通與討論主題課程的進度，以決定英文授課內涵。又放學前還有一段區角探索的時間。班級每日作息時間如表 2-2-2 所示。

表 **2-2-2**
中小班甜甜寶石班的每日作息

時間	作息活動
8:30 前	區角自由探索
8:30～9:00	早點時間
9:00～9:30	戶外大肢體時間
9:30～9:45	團討
10:00～11:10	學習區主題探索
11:15～11:30	學習區探索分享
11:40～12:40	午餐與故事時間
12:40～14:20	午休時間
14:20～14:40	起床收拾、廁所、喝水
14:50～15:30	主題美語（周三：故事、生活自理與常規）
15:40～16:10	點心時間
16:15～17:00	區角自由探索

註：每周一為公園日，赴社區與公園散步、遊戲及探索。

（三）區角環境規劃

教室的區角是孩子活動的中心，也是課程發展之處。教室區角在期初有積木區、材料區、建構區、語文區、扮演區，課程發展至期中時為因應課程之需，增加了軌道區與科學區，並將材料區與建構區結合。圖 2-2-1.～圖 2-2-5. 為教室實景圖與區角配置圖。

圖 2-2-1. 教室實景圖（由裡往外視 1）

圖 2-2-2. 教室實景圖（由裡往外視 2）

圖 2-2-3. 教室實景圖（由門往內視 1）

圖 2-2-4. 教室實景圖（由門往內視 2）

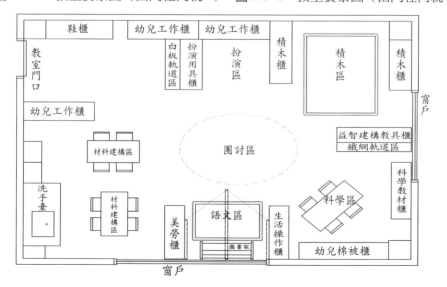

圖 2-2-5. 教室區角配置圖

三、課程發展資訊

本部分先以課程發展歷程圖顯示整體課程之實際發展情形，包含課程之發展階段與課程中之主軸活動等。

（一）課程發展歷程簡介

通常主題課程的發展歷程可劃分為：追隨幼兒興趣並確認足以發展為課程的「主題萌發期」；實際發展各項主題課程活動的「主題開展期」；回顧與統整幼兒經驗並以邀家長參與的主題歷程展形式總結的「主題統整期」。在 2017 年秋季學期期間，8 月底至 9 月初的兩個星期是主題萌發期，9 月中旬到 12 月中旬是主題開展期，聖誕節前至 2018 年 1 月學期結束前的主題歷程展三個星期是主題統整期，如圖 2-3-1. 所示。

又「一起創建遊戲樂園」主題課程從主題萌發期間始，大體上確認與發展了六大主軸活動：積木搭建與遊戲（含建物之搭建與遊戲、滾物坡道之搭建與遊戲、二者結合之搭建與遊戲）、建構性教具搭建與遊戲、社區與公園建物之觀察、多元材料搭建與遊戲之各類創作、多元材料搭建與遊戲之滾物坡軌，以及多元材料搭建與遊戲之大型溜滑梯。以上六大主軸活動多是從各個區角自由探索萌發的，只有「多元材料搭建與遊戲之大型溜滑梯」與每周固定的「社區與公園建物之觀察」是全班性的活動。

（二）課程發展走向與主軸活動簡介

為呼應全園大主題「玩具」，再加上教師考量幼兒平日玩的玩具多是市售玩具與手機遊戲，因此初始教師特意在教室區角裡加入許多低結構性的教具與材料，讓幼兒探索與遊戲，例如：紙張、黏土、磁鐵等操作

「一起創建遊戲樂園」主題探究課程之發展歷程

主題統整期
（12/18-1/05）

開幕與導覽 1/11

籌畫與製作主題展

課程回顧

歷程回顧

主題開展期
（9/11-12/15）

積木搭建遊戲：
建物、滾物坡道、二者結合

建構性教具搭建與遊戲

社區與公園建物之觀察

各類創作：多元材料搭建與遊戲

滾物坡軌：多元材料搭建與遊戲
（高架、膠板麗龍、鐵網、白板）

大型溜滑梯：多元材料搭建與遊戲
（紙箱、木板初版、木板改版）

主題萌發期
（8/28-9/08）

積木搭建與遊戲

建構性教具搭建與遊戲

社區與公園建物之觀察

各類創作：多元材料搭建與遊戲

滾物坡軌：多元材料搭建與遊戲

玩具分享日

角落教具自由探索

圖 2-3-1. 「一起創建遊戲樂園」主題探究課程之發展歷程

性教具，積木、大小樂高、磁鐵建構片、骨牌等各式建構性教具，還有寶特瓶、紙捲、紙杯、保麗龍片等生活中可資利用的回收物。整個主題是由幼兒從家裡帶玩具入班分享的「玩具分享日」以及在角落自由探索玩教具開始切入的，教師試圖尋找幼兒的興趣以開展主題。結果發現幼兒喜歡建構式的玩教具，如積木與其他多元建構材料，所搭建的成品有建物、滾物坡道與其他造型創作等三大類，並於搭建歷程中與其後玩起扮演遊戲。圖 2-3-2.～圖 2-3-7.為萌發期幼兒在角落的探索與遊戲。

　　於是老師針對幼兒搭建興趣，帶著幼兒到社區與附近公園觀察建物與各類坡道，孩子並繼續在積木區、材料建構區、扮演區等搭建與遊戲，總共萌發出四項主軸活動：積木搭建與遊戲、建構性教具搭建與遊戲、多元材料搭建與遊戲之滾物坡軌，以及多元材料搭建與遊戲之各類創作，連同定期且支援其他主軸活動的社區與公園建物之觀察，在「主題萌發期」共五項主軸活動。

圖 2-3-2.　萌發期的區角探索-1

圖 2-3-3.　萌發期的區角探索-2

圖 **2-3-4.** 萌發期的區角探索-3

圖 **2-3-5.** 萌發期的區角探索-4

圖 **2-3-6.** 萌發期的區角探索-5

圖 **2-3-7.** 萌發期的區角探索-6

　　在接續的「主題開展期」期間，以上這幾項主軸活動繼續發展，並在不斷解決搭建所面臨問題中修正、優化，愈發完善。例如：積木搭建的建物、滾物坡道愈發精細、多元與穩固，並將建物與坡道兩者有機結合；多元材料搭建的滾物坡軌從高架式發展至膠版、鐵網與白板，不僅坡軌有數條入口、呈 Z 字形轉彎、彈珠不會卡在軌道中，且有機關設計增加趣味性。重要的是，每個星期都有一天的公園日，幼兒與教師帶著搭建中所遇到的問題，到社區與公園觀察建物與滑梯等結構，試圖探究解決之道。整個主題開展中除原五大主軸活動外，約 10 月分之後，幼兒想在教室裡搭建實際可溜之溜滑梯，於是教師帶領全班進行溜滑梯搭建與遊戲，形成六大主軸活動。孩子於各主軸活動搭建歷程中與後快樂地玩著扮演遊戲，最後教師帶領全班幼兒統整所有的搭建技巧，製成他人可資參考的工具書。有關六大主軸活動將於第三章詳細敘述並輔以剪影照片。

　　學期最後三個星期的「主題統整期」，首先進行整學期主題課程的回顧，接續則開始籌畫、設計與製作「主題歷程展」的內涵，並確認展出項目與展出當日導覽幼兒的分工，最後邀請家長於歷程展當日前來參與活動，讓其了解整學期主題課程進展與所學。因為園所與本班是以幼兒興趣萌發為整學期的主題課程，而且是基於社會建構論，強調親師生共構，除平日家長以各種形式直接、間接地參與主題課程活動（如入班教示、與孩子共同進行主題學習單、閱讀詳實且深入分析的主題雙周報等）外，期末的主題歷程展是家園共構的重要活動。圖 2-3-8. ～圖 2-3-13. 為期末歷程展的剪影。

圖 **2-3-8.** 期末歷程展與父母分享-1

圖 **2-3-9.** 期末歷程展與父母分享-2

圖 **2-3-10.** 期末歷程展與父母分享-3

圖 **2-3-11.** 期末歷程展與父母分享-4

圖 **2-3-12.** 期末歷程展與父母分享-5

圖 **2-3-13.** 期末歷程展與父母分享-6

3

「一起創建遊戲樂園」主題探究課程之主軸活動剪影

「一起創建遊戲樂園」主題探究課程是中小班幼兒在學年上學期從區角依其興趣萌發出來的整學期課程，總共有六大主軸活動。本章即在簡要介紹這些主軸活動的發展與內涵以窺其大要，並做為下一章 STEM 教育要素分析之基礎。

☆積木搭建與遊戲
☆建構性教具搭建與遊戲
☆社區與公園建物之觀察
☆多元材料搭建與遊戲：各類創作
☆多元材料搭建與遊戲：滾物坡軌
☆多元材料搭建與遊戲：大型溜滑梯

　　「一起創建遊戲樂園」主題探究課程整個學期的發展有六大項主軸活動，除社區與公園建物之觀察是定期外出並支援其他五項活動外，大部分的活動都是源自幼兒於區角的探索與遊戲，例如：積木區、軌道區、材料建構區、扮演區等；其中只有多元材料的大型溜滑梯是全班性活動，有時在戶外空曠區，有時在室內進行。至於建構的材料包含積木、建構性教具、生活回收材料等，建構的內容則是圍繞於建物、滾物坡道（坡軌）或溜滑梯的搭建為主，有時也會出現各式造型。以下針對主題課程的六大主軸活動分別敘述其發展歷程與內涵，並輔以圖片說明。

一、積木搭建與遊戲

　　積木搭建與遊戲發生在擁有單位積木、Kapla 積木等的積木區，有時幼兒也會從別區加入其他建構材料，例如：大小樂高、拼接片等，其發展歷程如圖 3-1-1. 所示。在搭建建物的過程中因積木外型（如大三角、三角塊、具弧線外形之彎曲或轉接塊）使然，自然出現一些斜坡，孩子稱之為彈珠溜滑梯或溜滑梯，後來發現這些斜坡道實在很好玩，於是開啟了幼兒對坡道的專門探索，筆者稱之為滾物坡道；然後在坡道建蓋的歷程中為增加遊戲的豐富性與趣味性，也會自然地與建築物結合，所以發展歷程圖以三者部分重疊交織的方式以顯示三者間之「你中有我、我中有你」的狀態。孩子在整個積木的探索與遊戲歷程中興趣十分濃烈，而且無論是建物、坡道或是二者結合，通常都會伴隨著扮演遊戲。最後則由教師帶著幼兒統整搭建的各種技巧，並開始規劃期末的主題歷程展向父母分享探究成果。

（一）積木建物

　　期初幼兒在積木區探索建築物的搭建，只要一蓋高或不小心，建物就

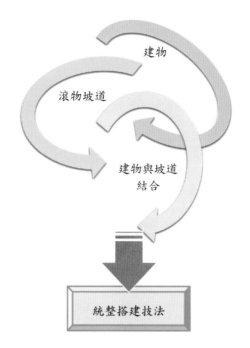

圖 3-1-1.　積木搭建與遊戲的發展歷程

不穩固甚至倒塌，老師遂藉著每周一公園日活動，帶著幼兒觀察社區與公園建物的結構，如大樓的結構與支柱、社區行道樹的支撐等，回到教室後，幼兒參照觀察所得試蓋並不斷地在錯誤中調整與修正。此外幼兒也參考繪本《小小城堡》與積木商品說明書，以及上網查詢（教師引導下）積木搭建技術，教師並將部分圖片（含建物與坡道）印出置於語文區供幼兒搭建時隨時參考。無論是參考什麼，幼兒都是在試蓋行動中驗證自己的想法，並且調整與修正，試圖讓建物穩固不倒塌。

　　後來有些幼兒想蓋自己的家，在老師引導下上網打入「房子」兩字，遂據以繪畫設計並實際搭建，搭建完畢就玩起扮演遊戲。表 3-1-1 為整個建物發展歷程中，幼兒所面臨的問題，以及經以上探究後所領會暨建構

表 **3-1-1**
建物搭建與遊戲中幼兒探究的問題及探究後的解答

建物搭建與遊戲	
探索或待解決的問題	探索後的解答
如何讓建物穩固不傾倒？	• 用手輕放堆疊。 • 倚牆搭建以為支撐。 • 蓋寬厚的底層（大塊厚重基底、用多根支柱等），或下層積木大、重，上層小、輕。 • 以四面牆壁圍護。 • 運用積木互補特性密實套疊。 • 以橫直交錯法堆疊。
如何搭建自己的家？	• 依積木形狀、特性堆疊樓層各空間。 • 依以上領會之穩固技法堆疊樓層各空間。 • 參照上網所得圖片建蓋。

之各種解決方案。在整個積木搭建過程中發現，以大三角、三角塊積木斜邊直接放置，或者是長方塊、平板等由高斜放，可製造斜坡做為房屋的溜滑梯，或進行滾彈珠遊戲，會讓整個搭建行動更好玩，於是引發其後更多孩子專注於坡道的搭建。

在不斷觀察、實作與修正歷程中，幼兒獲致很多關於讓建物穩固不傾倒的技能與方法，例如以四面牆壁圍護（即封圍，圖 3-1-2.）、倚牆支撐法（圖 3-1-3.）、厚實地基法（圖 3-1-4.），誠如祐祐說：「**下面是用原木蓋的地基，因為原木積木比較大比較厚，所以可以支撐上面蓋的（上面是較輕的 Kapla 積木）。還有用三角形積木要讓彈珠可以滾下去。**」或者是用厚重的支柱支撐建物上層（圖 3-1-5.）。此外幼兒也知道運用橫直交錯堆疊法（圖 3-1-6.）、互補密實法（圖 3-1-7.）搭建穩固的建物。

（二）積木滾物坡道

坡道的搭建由無意間形成斜坡開始，到思考如何搭建能讓球或彈珠順利滾下的斜坡道，其間幼兒想要解決如何讓球滾得快、遠、久及能持續

圖 3-1-2. 穩固搭建法：封圍

圖 3-1-3. 穩固搭建法：倚牆支撐

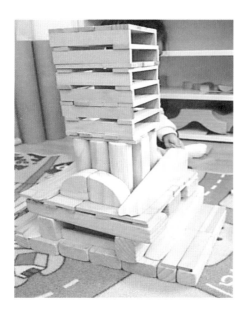

圖 3-1-4. 穩固搭建法：厚實地基

圖 3-1-5. 穩固搭建法：厚實地基

圖 3-1-6.　穩固搭建法：橫直交錯堆疊　　圖 3-1-7.　穩固搭建法：互補密實

於軌道中不飛出等問題，讓遊戲更加好玩。教師也是藉著每周一公園日活動，帶著幼兒觀察社區與公園的坡道（例如：車道入車庫處、店家門口斜坡、殘障坡道等）與溜滑梯；而且也帶著孩子上網查詢坡道（滑梯）搭建圖片與影片，幼兒參照觀察所得試蓋並不斷地在行動中調修以解決問題。其後幼兒又發想如何能讓坡道轉彎並讓彈珠持續滾動，於是再參考繪本《小房子》中的轉彎圖片並實際地建蓋及多方改良後，也終能如願以償。最後的一個問題是如何讓坡道堅固，教師帶著幼兒到社區的修車廠觀察車輛進出的鐵質坡道結構，孩子也是參照觀察所得試蓋並不斷調整，終能優化改善。表 3-1-2 為整個滾物坡道發展歷程中幼兒所面臨的問題，以及經以上探究後之解決方法。

表 3-1-2
積木滾物坡道搭建與遊戲中幼兒探究的問題及探究後的解答

滾物坡道搭建與遊戲	
探索或待解決的問題	探索後的解答
如何搭建讓彈珠順利滾下坡道？	・以長條積木（長方塊、平板）從高處斜下置成坡道（圖 3-1-8.）。 ・自然地運用積木本身特性，如有斜面之大三角、三角塊，有弧形外觀之彎曲、轉接塊等（圖 3-1-9.）。 ・運用積木本身特性如以大三角、三角塊，組合在梯階落差上，並連接成坡道，即「組合斜坡法」（圖 3-1-10.、圖 3-1-11.）。 ・以長條積木鋪架在梯階落差上，連成坡道，即「階層斜坡法」（圖 3-1-12.）。 ・以積木堆疊成梯體的階梯坡道，即以階層落差法形成「梯體式坡道」（圖 3-1-13.）。 ・以積木堆疊成內含數個懸空或斷層坡道的建物，即「建物式坡道」（圖 3-1-14.）。
如何讓彈珠滾得快？	・墊高坡道始端（增加坡度、增加斜率）。 ・堆疊成梯體的階梯坡道。
如何讓彈珠滾得遠？	・增加坡道長度與坡道坡度。 ・增加坡長與堆疊成梯體的階梯坡道。 ・增加坡長與增加彈珠滾落的高度（圖 3-1-15.）。
如何讓彈珠持續在軌道中滾動？	・在坡道兩旁加護牆讓彈珠不易滾出軌道。
如何讓坡道轉彎且彈珠能順暢滾落？	・將積木排列組成彎道並增加坡度或形成梯體滾落（圖 3-1-16.）。
如何讓坡道堅固？	・參照社區修車廠斜坡道（鐵板鋪架在梯階落差上連接成坡道）。 ・在梯階落差上鋪接成坡道（階層斜坡）並在坡道前後或四周以積木阻擋支撐（圖 3-1-17.）。 ・與大樓連接以增加彈珠滾落高度與支撐（圖 3-1-18.）。 ・堆疊成梯體的階梯坡道（階層落差法）（圖 3-1-19.）。

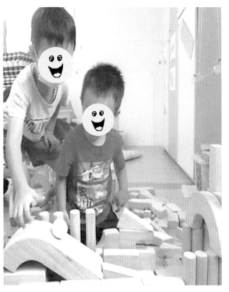

圖 3-1-8. 坡道搭建：長條積木由高斜　圖 3-1-9. 坡道搭建：運用積木外型特性
　　　　　置

圖 3-1-10. 坡道搭建：組合斜坡　　　圖 3-1-11. 坡道搭建：組合斜坡

圖 3-1-12. 坡道搭建：階層斜坡

圖 3-1-13. 坡道搭建：梯體式坡道（階層落差）

圖 3-1-14. 坡道搭建：建物式坡道

圖 **3-1-15.** 讓彈珠滾遠之法：增加坡道長度與增加彈珠落下的高度

圖 **3-1-16.** 轉彎坡道：將積木排列組成彎道並形成梯體滾落

圖 **3-1-17.** 堅固法：階層斜坡加前後阻
擋

圖 **3-1-18.** 堅固法：與大樓連接以增
加滾落高度與支撐

圖 **3-1-19.** 堅固法：形成梯體（階梯坡道）

　　綜上所述，孩子所蓋出的坡道形式實屬創意多元：有整體外形就是一個斜坡面的「斜面式」（圖 3-1-10. 之組合斜坡與圖 3-1-12. 之階層斜坡）、坡道自身形成樓梯的「梯體式」（圖 3-1-13. 與圖 3-1-19.）、建物內建數個懸空或斷層坡道的「建物式」（圖 3-1-14.）、彈珠滾出時可滾向多軌的「分流式」（圖 3-1-20.），以及有遮蓋或上下層設計的「山洞式」（圖 3-1-21.）。此外，還有運用其他建構性教具的吊懸式（圖 3-1-24.）。

圖 3-1-20.　分流式軌道　　　　圖 3-1-21.　山洞式軌道（上下兩層設計）

（三）坡道與建物連結

　　孩子在實作與修正中，做出坡道與建物的連結方法，例如：以架橋與斜鋪法將平板或長方塊與建物連結形成坡道，將平板或長方塊直接斜鋪於建物上，建物內建懸空或斷層坡道，建物本身即為漸層樓梯（梯體）。此外，孩子還想出如何更加好玩的方法，也就是把大家搭蓋的各

個建物與坡道（溜滑梯）連結，並加入其他建構材料成為小型社區。他們先自編故事情境並畫出甜甜寶石社區設計圖，然後據以建蓋並自編兒歌以表達創作的想法；經過不斷添加、延伸與調修成為「家」（圖3-1-22.）。後來又建蓋大賣場與山洞式賽車坡道（圖 3-1-23.），並編寫表達此一建蓋想法的故事。以上建物與坡道連結還加入其他不同的建構材料，如用連接片連成坡道並吊懸於兩個建物間（圖 3-1-24.）。表 3-1-3 為整個坡道與建物發展歷程中，幼兒所面臨的問題，以及經以上探究後之解決方法。

圖 3-1-22. 坡道與建物連結成家

圖 3-1-23. 大賣場與山洞賽車坡道

圖 3-1-24.　坡道用鑲嵌吊懸法連接於兩建物間

表 3-1-3
坡道與建物連結搭建與遊戲中幼兒探究的問題及探究後的解答

坡道與建物連結搭建與遊戲	
探索或待解決的問題	探索後的解答
如何連接坡道與建物？	・與大樓連接形成斜坡道（積木由高斜置成坡道、架橋再將積木由高斜置成坡道）。 ・以積木堆疊成坡道本身即樓梯的「梯體式坡道」。 ・以積木堆疊成坡道本身即建物的「建物式坡道」（建物內建懸空或斷層坡道）。 ・以不同材料連成坡道並吊懸於兩建物間。
如何讓連結的坡道與建物更加好玩？	・各建物間彼此連接形成小社區或賽車道。 ・先編製情境故事以為設計，再結合各式材料蓋出情境中的建物與編創兒歌。 ・先搭蓋再編製情境故事與編創兒歌。

（四）建蓋技法大統整

　　孩子藉著每周定期觀察社區與公園建物，以及在教師引導下上網查詢建物相關資訊，並且參考繪本圖書、積木說明書與老師印出的網路圖片，接著在實作中調整與精進建蓋技法。學期結束前，師生共同統整在積木角探究所得之搭建技法，孩子依據搭建物體之整體外形加以命名。筆者綜合孩子的命名與自己的統整分析，發現這些建物與坡道實涉及多元的複合技法，例如「直升機鬆餅」（孩子命名）的建蓋技法包括對稱、型式（有規律性的重複）所堆疊而成的交錯堆疊狀。表 3-1-4 顯示幼兒所搭蓋的建物與坡道及其所涉技法，並分別佐以孩子的作品說明。所涉技法乃參考 Johnson（1996）、馬祖琳（2009）以及筆者自己的命名與分析。

表 3-1-4
幼兒的複合搭建技法

建物			坡道		
外型命名（幼兒）	外型命名（筆者）	所涉技法	外型命名（幼兒）	外型命名（筆者）	所涉技法
長頸鹿（圖 3-1-25.）		堆疊、對稱、型式、搭橋	木橋軌道（圖 3-1-29.）		推疊、搭橋、斜坡（搭橋與高樓連接連接成坡道）
直升機鬆餅（圖 3-1-26.）		交錯堆疊、對稱、型式	合併樓梯（圖 3-1-30.）	坡道即梯形（梯面式）	遞增（減）堆疊（階層落差法）
旋轉房子（圖 3-1-27.）		交錯堆疊、對稱、型式、搭橋		組合斜坡體（斜面式）（圖 3-1-10.）（圖 3-1-11.）	外形堆疊、遞增（減）、堆疊、搭橋（以積木外形組合連接於階落差上形成坡體）
星星大樓（圖 3-1-28.）		交錯堆疊、對稱、型式		階層斜坡體（斜面式）（圖 3-1-12.）	遞增（減）堆疊、斜坡（於梯階落差上斜鋪積木）
	密實套疊（圖 3-1-7.）	互補堆疊、型式		坡道即建物（建物式）（圖 3-1-14.）	堆疊、型式、搭橋、斜坡（建物上有數個斷層、懸空的斜坡）
	四面封圍（圖 3-1-2.）	封圍、堆疊		斜掛吊橋（吊懸式）（圖 3-1-24.）	吊懸、堆疊、型式（嵌於兩建物間成斜吊坡）
				其他創意設計：分流、山洞（圖 3-1-20.）（圖 3-1-21.）	遞增（減）堆疊、斜坡、搭橋、型式、對稱等

圖 **3-1-25.**　統整建物技法：長頸鹿

圖 **3-1-26.**　統整建物技法：直升機鬆餅

圖 **3-1-27.**　統整建物技法：旋轉房子

圖 **3-1-28.**　統整建物技法：星星大樓

圖 3-1-29.　統整坡道技法：木橋+坡道　　圖 3-1-30.　統整坡道技法：合併樓梯
　　　　　　　　　　　　　　　　　　　　　　　　　　　　（梯體）

二、建構性教具搭建與遊戲

　　建構性教具種類很多，包括：大樂高積木、小樂高積木、拼接片、磁性拼接片、骨牌、洞洞積木、立體俄羅斯方塊等，這些教具多數在材料建構區，但是孩子會因遊戲需求將這些教具與其他區教具結合，或是將這些教具搬至其他區角遊戲。通常孩子先自由探索或參照說明書搭建，有些較有經驗的孩子則會向同儕分享說明書內的搭建方法。至於建構的內涵約有三大類，有各式造型（如浴室、游泳池、冰箱、椅子等），還有長長的坡道（軌）或溜滑梯，以及堆疊架高的建物。

　　值得注意的是，孩子們有時會一面搭建一面扮演，甚至到後期將作品與積木區的建物及坡道結合成大型作品，例如：前述之甜甜寶石社區、家、大賣場與山洞賽車軌道，並進行想像故事編創或扮演遊戲，反映學者所言，學前期兒童的建構遊戲與戲劇遊戲常相互伴隨（Rubin, Fein, & Vandenberg, 1983）。而到最後老師也如積木搭建與遊戲般，帶著孩子統整搭建的技巧。圖 3-2-1. ～圖 3-2-6. 是幼兒對建構性教具的探索與遊戲。

圖 **3-2-1.**　建構性教具：大樂高泳池

圖 **3-2-2.**　建構性教具：拼接片坡軌

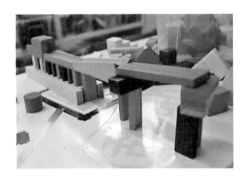

圖 3-2-3. 建構性教具：骨牌坡軌

圖 3-2-4. 建構性教具：俄羅斯方塊
老師的家

圖 3-2-5. 建構性教具：拼接片彈珠溜
滑梯

圖 3-2-6. 建構性教具：樂高軌道

三、社區與公園建物之觀察

孩子的主要建構圍繞在建物、滾物坡道（坡軌）與其他造型，因此在搭建過程若有問題時，除上網尋求解答、參考繪本圖片外，均會藉每周一的公園日到社區公園散步、探索之便，特意觀察建物、坡道（軌道）與滑梯等。例如：社區殘障坡道、修車廠的汽車坡道、車站附近的高架軌道、社區大樓的支撐樑柱、公園滑梯的結構等，如圖 3-3-1.～圖 3-3-4. 諸圖所示。通常幼兒外出時，會以繪畫或拍照記錄探索所見，亦即幼兒的學習不限於園內、室內，周遭環境均為探索與學習之處，此一主軸活動不僅可探索環境、鍛鍊體能，而且還具有支援主題課程進行的作用。

圖 3-3-1. 觀察社區大樓的柱子支撐建物

圖 3-3-2. 觀察社區行道樹被支撐

圖 3-3-3. 觀察社區修車廠坡道　　　圖 3-3-4. 觀察公園溜滑梯的結構

四、多元材料搭建與遊戲：各類創作

由於教室充滿了多元回收材料，例如：紙捲、紙杯、牛奶罐、寶特瓶、紙箱等，幼兒自然會探索與運用這些資源於創作上，或是與其他材料如積木等結合，或是玩起扮演遊戲；多元材料的各類創作多數發生在材料建構區，有時也在積木區，也有部分是在扮演區。圖 3-4-1. 顯示整個多元材料創作的內涵。

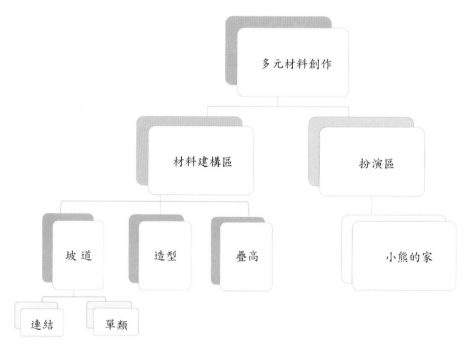

圖 **3-4-1.**　多元材料各類創作的內涵

在材料建構區的創作含三大類：疊高（或建物）、造型與坡道（軌）。第一類疊高顧名思義是將生活回收素材堆疊架高，如紙杯、紙捲、塑膠杯、瓶蓋等（圖 3-4-2.）；幼兒除單使用一種材料外，還合併材料使用，而在合併材料時有時是自然接合，大部分需使用黏合工具接合，例如：運用厚紙捲與紙杯堆疊是兩者自然互卡成一棵樹（圖 3-4-3.），運用杯子與冰棒棍黏合則是使用白膠。第二類造型是指自由創作有形物體，例如：運用衣夾與光碟片使之站立、牙籤插入海棉或牙籤插入輕黏土等，形成有趣物體（圖 3-4-4. 與圖 3-4-5.）。

圖 3-4-2. 多元材料創作：塑膠杯疊高

圖 3-4-3. 多元材料創作：紙捲與紙杯互卡成樹

圖 3-4-4.　多元材料創作：輕黏土與牙　　圖 3-4-5.　多元材料創作：海綿與牙
　　　　　籤　　　　　　　　　　　　　　　　　　　籤

　　第三類可滾彈珠的斜坡軌道，幼兒有時稱之為彈珠溜滑梯，它有單類坡道與連結坡道兩種，在製作時多會使用黏合工具接合不同材料。單類軌道是指本身自成一類，未結合其他類別坡道，例如：幼兒仿網路資料製作的「甜甜圈軌道」（孩子命名，圖 3-4-6.），它以繪圖的蛋糕盤繞於紙捲軸心，並以熱熔膠接合，讓彈珠可從上層滾到下層盤面；「夾子冰棍軌道」（孩子命名）顧名思義是運用衣夾做為支柱，並以熱熔膠接合冰棒棍，製作成斜坡軌狀（圖 3-4-7.）。此外，還有以厚長紙捲為軸心支柱，並用橫剖寶特瓶連接的軌道以螺旋狀環繞於此支柱上，孩子命名為「樹軌道」（圖 3-4-8.）；以及將條狀紙張以泡棉膠黏合於紙板上的「山洞軌道」，又稱之為「小蛇軌道」，因幼兒認為整體形狀像一條長長的蛇（圖 3-4-9.）。

圖 3-4-6.　多元材料創作：甜甜圈軌道　　圖 3-4-7.　多元材料創作：夾子冰棍軌道

圖 3-4-8.　多元材料創作：樹軌道　　圖 3-4-9.　多元材料創作：小蛇軌道

　　至於連結坡道是將以上兩種單類的坡道加以互連，例如：將「夾子冰棍軌道」連結「小蛇軌道」（圖3-4-10.）以及將「冰棍軌道」連結「膠板軌道」，這兩者在連結不同軌道時都發生一些問題，幼兒在推論與實驗間調整及修正，如表 3-4-1 所示。後者在最後加上玻璃紙美化與增加彈珠滾下難度，並融入情境故事滾玩彈珠遊戲，幼兒將其命名為「快速軌道」（圖3-4-11.）。

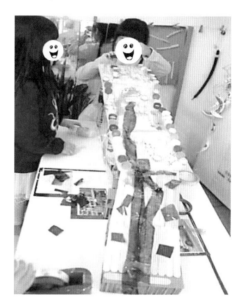

圖 3-4-10.　多元材料創作：連結不同軌道

圖 3-4-11.　多元材料創作：快速軌道

表 3-4-1
多元材料坡道連結中幼兒探究的問題及探究後的解答

多元材料坡道搭建與遊戲		
探索或待解決的問題		探索後的解答
夾子冰棍軌道連結小蛇軌道	彈珠卡住無法通過山洞？	・將紙條做的山洞寬度調大些。
	兩個坡道有高低落差？	・用紙杯墊高較低坡道，使無落差。
膠板軌道連結冰棍軌道	保麗龍球飛離坡道？	・在軌道兩旁加黏瓶蓋當圍牆擋住。
	整個坡道搖晃不穩？	・以較堅固的寶特瓶支柱替代紙杯支撐物。

　　至於在扮演區的材料建構是圍繞在運用各類生活回收素材搭建「小熊的家」與家中的家具，包括：床、電視機、桌子與椅子等（圖 3-4-12.）；並且在過程中上網查詢玩偶如何製作，畫出設計圖並用寶特瓶、瓶蓋、泡棉膠與膠帶做出玩偶。然後幼兒一起玩扮演遊戲（圖 3-4-13.）。

圖 3-4-12.　多元材料創作：小熊的家 　圖 3-4-13.　多元材料創作：小熊的家扮演

五、多元材料搭建與遊戲：滾物坡軌

　　甜甜寶石班教室區角除一般的紙張、黏土、磁鐵等操作性材料，積木、樂高、骨牌、磁性拼接片等建構性材料外，也充滿了多元回收材料如紙捲、紙杯、牛奶罐、寶特瓶、紙箱、保麗龍等。滾物坡軌（俗稱彈珠軌道）緣起於期初教師的環境布置——在牆壁的黃膠板上將五個橫剖一半的寶特瓶連接成有坡度的軌道，引發幼兒探索動機（圖 3-5-1.）；幼兒在試玩後就自動拿取橫剖的寶特瓶繼續連接，甚至在材料不足時，自動用剪刀將薄紙捲剪半繼續搭連坡軌。用多元材料搭建的滾物坡軌之發展歷程，如圖 3-5-2. 所示。

圖 **3-5-1.**　期初之滾物坡軌情境布置

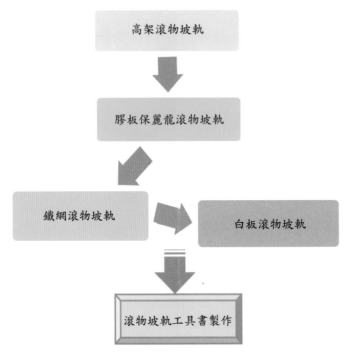

圖 3-5-2. 多元材料滾物坡軌之發展歷程

（一）高架滾物坡軌

　　當牆面布置的膠板空間不敷使用時，教師提問有何方法能繼續連接軌道？即軌道不受限於牆面膠板空間，而能四方延伸。正好於公園日外出時觀察到車站的高架軌道是以大型支柱佇立，於是幼兒開始設計與製作「高架坡軌」，以奶粉罐、厚紙捲與紙箱等做為支柱，並以膠帶連接橫剖的寶特瓶（後來修正為在瓶身打洞並綁毛根連接），成為坡軌（圖 3-5-3.）。然而，高架坡軌在滾彈珠遊戲時一直出現問題，例如：軌道與支柱間經常脫落，坡道因毛根連接有落差致使彈珠卡住，或太多彈珠同時滾下致使坡軌凹陷及彈珠集結（圖 3-5-4.），還有彈珠屢屢飛出坡道

圖 3-5-3. 多元材料創作：高架坡軌

圖 3-5-4. 多元材料創作：高架坡軌
（坡道凹陷）

等，幼兒曾試圖解決此一彈珠滾動不順問題，其方法包括：在軌道下方
加支柱頂住軌道，以縮小寶特瓶間的落差縫隙；以手撥動彈珠或傾斜坡
軌尾端，讓彈珠持續滾動；設計一次一人玩、一次丟一顆彈珠的遊戲規
則。表 3-5-1 為高架滾物坡軌搭建與遊戲中，幼兒探究的問題及探究後的解
答）。

（二）膠板保麗龍滾物坡軌

　　高架坡軌雖不受限牆面膠板的空間，可以直線延伸，但是由於材質與
黏接問題，光是一條坡軌就問題百出。為了徹底解決高架坡軌的問題，
而且幼兒想有多條坡軌可玩，於是畫了設計圖並在教室中尋找材料，以
切割包覆冰箱的大保麗龍框條，並在膠板上測量作記，黏製成「膠板保
麗龍坡軌」（圖 3-5-5.與圖 3-5-6.），因為保麗龍框條有天然護欄且平滑，
可以解決彈珠滾動不順問題（卡住、飛出、多顆集結不動），但是卻發生
膠板保麗龍坡軌時常傾倒的問題，幼兒就以堆疊的大樂高做為支撐膠板
物，暫時解決了問題（圖 3-5-7.）。此外，膠板保麗龍坡軌因保麗龍框條
太大，原本設計五條坡軌，實際上只能製作一條，也有它的限制。就在

表 3-5-1
高架滾物坡軌搭建與遊戲中幼兒探究的問題及探究後的解答

高架滾物坡軌搭建與遊戲	
探索或待解決的問題	探索後的解答
如何讓軌道不受限牆面膠板空間而能四方延伸？	• 仿車站的高架軌道，以奶粉罐、厚紙捲與紙箱等作為支柱，並以膠帶黏接橫剖的寶特瓶，成為可延伸的坡軌。
如何黏接數根支柱？	• 以尼龍繩細綁並以 PU 泡棉填入支柱縫隙間。
坡道的寶特瓶間連接時常脫落？	• 以打洞並綁毛根方式取代膠帶黏接。
彈珠於寶特瓶坡道中卡住？（毛根綁接形成高低落差縫隙）	• 以柱子頂住坡軌並用泡棉膠、膠帶黏合以減少縫隙落差。 • 以手推動彈珠使其滾動。
彈珠由高滾下時常飛出坡道？	• 調高坡軌坡度（斜率）。 • 以手傾斜寶特瓶坡軌尾端。
多顆彈珠滾落時常致坡道變形，集結於中央凹陷處（圖 3-5-4.）	• 共同討論與設計遊戲規則，例如：一次丟一顆、輪流使用等。
支柱與坡軌間經常脫落？且寶特瓶坡軌只有一條？	• 綜合以上坡軌本身之材質、寶特瓶坡軌間連接及坡軌與支柱連接等問題，致使彈珠滾動不順，決定以保麗龍框條黏於膠板替代高架式滾物坡軌。

此時，園長在幼兒園前院鐵質圍欄處裝上可移動操作的塑膠水管軌道，它可建置多條路線，還可以轉彎，於是激發幼兒出現了「鐵網坡軌」（表 3-5-2）。

圖 **3-5-5.**　多元材料創作：膠板保麗龍
坡軌

圖 **3-5-6.**　多元材料創作：膠板保麗
龍坡軌

圖 **3-5-7.**　多元材料創作：以大樂高
支撐坡軌

表 3-5-2

膠板保麗龍滾物坡軌搭建與遊戲中幼兒探究的問題及探究後的解答

膠板保麗龍滾物坡軌搭建與遊戲	
探索或待解決的問題	探索後的解答
如何讓彈珠滾動順暢且有多條坡軌可玩？	・切割平滑且有護欄的保麗龍框條並黏於膠板上。
膠板保麗龍坡軌時常傾倒？	・以堆疊的大樂高做為柱子支撐坡軌。
如何能有多條坡軌又可轉彎？	・以鐵網替代膠板保麗龍滾物坡軌。

（三）鐵網、白板滾物坡軌

　　此時期關注點在於如何讓坡軌轉彎與有多軌可玩，除自己設計外，曾訪談「管管樂園」主題班老師，找來可彎曲的洗衣機排水管搭建於鐵網上。初始幼兒以寶特瓶與紙捲打洞並用毛根綁於鐵網上形成坡軌，因需不斷拆解才能更換新軌道，教師提問有何方法可以輕鬆拆解與安裝軌道？幼兒在實驗中發現磁鐵黏於寶特瓶可吸附於鐵網上，但是由於吸附於鐵網的接觸面積小，致使軌道經常掉落；最後無意間觀察到夾子更能將軌道夾在鐵網上，在滾球時不易易位且速度快捷，乃改成以夾子安裝軌道。而為了讓玩的時間與空間增加更多，幼兒也運用磁鐵吸附軌道於白板上，形成「白板坡軌」，不過鐵網坡軌也同時進行著（圖 3-5-8. ～圖 3-5-9.）。此時出現了連續 Z 型的彎曲坡道（圖 3-5-10.）。

圖 3-5-8. 多元材料創作：白板坡軌

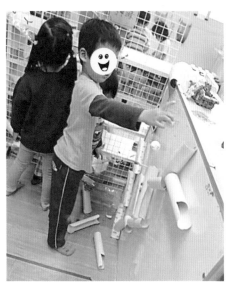

圖 3-5-9. 多元材料創作：白板、鐵網同時

圖 3-5-10. 多元材料創作：鐵網坡軌（Z 形轉彎）

　　後來，在教師帶著幼兒上網時，發現可以在坡軌上設計機關，讓滾物坡軌遊戲更為好玩，幼兒也仿造製作機關或多個入口（圖 3-5-11. ～圖 3-5-13.）。最後還用不同的球如小彈珠、較重的鋼珠、乒乓球等探究哪種球適合哪種材質的軌道（圖 3-5-14. ～圖 3-5-15. 與表 3-5-3）。

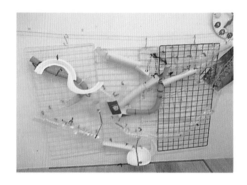

圖 3-5-11.　多元材料創作：有機關的坡軌也有多入口

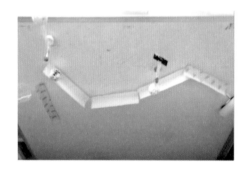

圖 3-5-12.　多元材料創作：有機關的坡軌

圖 3-5-13.　多元材料創作：有機關的坡軌

圖 **3-5-14.** 多元材料創作：坡軌試球　　圖 **3-5-15.** 多元材料創作：坡軌試球

表 **3-5-3**
鐵網與白板滾物坡軌搭建與遊戲中幼兒探究的問題及探究後的解答

鐵網與白板滾物坡軌搭建與遊戲	
探索或待解決的問題	探索後的解答
如何輕鬆拆解與安裝軌道？	• 以磁鐵、夾子取代毛根綁住。
如何讓坡軌轉彎更好玩？	• 尋找本身可轉彎的洗衣機排水管。 • 在實作中驗證及調整軌道路線（調整每截坡軌的坡度與方位）。
如何讓坡軌遊戲更好玩？	• 上網尋找軌道機關設計。 • 在實作中驗證及調整多入口的設計。 • 在實作中驗證及調整水車機關、旋轉機關、洞洞機關的設計。
哪種球適合哪種材質的坡軌？	• 以乒乓球、小鋼珠、彈珠等實作與驗證。 • 實作後發現乒乓球會卡在紙捲中，鋼珠太重、彈珠最合適。

（四）滾物坡軌工具書製作

最後，幼兒央請老師拍照，並繪畫製成滾物坡軌工具書，以向班上其他幼兒分享滾物坡軌的搭建技巧，若其他幼兒意欲搭建，可資參考此工具書（參見第四章第二部分）。

六、多元材料搭建與遊戲：大型溜滑梯

　　用多元材料搭建的溜滑梯之發展歷程，如圖 3-6-1. 所示。最早緣起於每周公園日觀察公園的溜滑梯，後來孩子也想在教室自製好玩、實際可溜的溜滑梯，大體上其發展是由紙箱溜滑梯開始，然後感受其不堅固，遂進展到木板與輪胎的溜滑梯建構，最後才改良成為較穩固的木板與座墊溜滑梯。

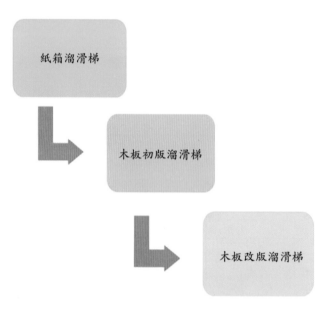

圖 3-6-1.　多元材料溜滑梯之發展歷程

（一）紙箱溜滑梯

　　孩子想於教室自製溜滑梯，於是尋找教室垂手可得的紙箱堆疊成 L 型，做為滑梯坡面背後的支柱，以及運用另一紙箱拆成平面黏鋪在 L 型支柱開口面上，形成溜滑梯的坡面（圖 3-6-2.）。天真的孩子試溜後發現紙箱破損了（圖 3-6-3.），遂在做為支柱的紙箱中內塞大樂高積木以增其堅固性，在支柱平臺上以黃色膠板蓋住破損處，再以牛奶飲料盒填充溜滑梯支柱與坡面之間的縫隙，並在滑梯坡面下端墊入鞋盒與保麗龍形成緩衝面，但即使是其後制定輪流使用的遊戲規則，滑梯仍然破損有安全之虞（圖 3-6-4.）。於是老師帶著孩子討論什麼材料更為堅固可以代替紙箱，幼兒認為滑梯坡面要硬的、防水與撕不破的，經過實驗發現木頭與塑膠是較合適的材料。表 3-6-1 是紙箱溜滑梯搭建與遊戲中幼兒探究的問題與探究後的解答。

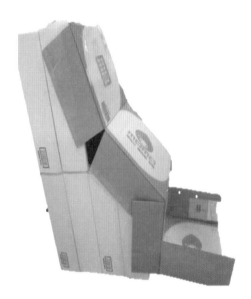

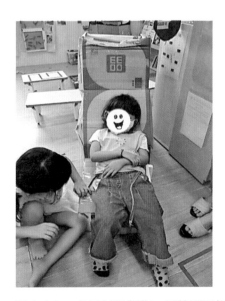

圖 3-6-2. 多元材料創作：紙箱溜滑梯 1　　圖 3-6-3. 多元材料創作：紙箱溜滑梯 2

圖 3-6-4. 多元材料創作：紙箱溜滑梯 3

表 **3-6-1**

紙箱溜滑梯搭建與遊戲中幼兒探究的問題及探究後的解答

紙箱溜滑梯搭建與遊戲	
探索或待解決的問題	探索後的解答
如何於教室內搭建好玩的溜滑梯？	• 以紙箱疊成 L 型的滑梯支柱。 • 以全面打開的紙箱做為溜滑梯坡面。 • 兩者用膠帶黏合。
如何讓紙箱溜滑梯更為堅固安全？	• 以大樂高塞入紙箱滑梯疊成的 L 型支柱裡面。 • 溜滑梯坡面與 L 型支柱間縫隙塞入牛奶紙盒。 • 溜滑梯坡面底部塞入鞋盒與保麗龍形成緩衝並支撐。 • 溜滑梯支柱上面的平台鋪上黃色膠板蓋住破損處，使之能坐。 • 制定一次一人溜的規則並有兩人保護溜者。

（二）木板初版溜滑梯

　　接著，孩子在公園日特意觀察了溜滑梯的結構，發現材質堅固、支柱固定、坡面平滑是重要因素，加上之前實驗的發現，更加確認硬的材質與有堅固支柱支撐的重要性，於是運用幼兒園前院現成的輪胎與木板進行搭建。教師詢問幼兒有何方法讓輪胎支撐木板形成滑梯？孩子想到漸層擺放輪胎為階梯狀並將木板鋪於其上（圖 3-6-5.），以及木板坡面上端與尾部下端各有輪胎如柱子支撐的兩種設計（圖 3-6-6.），但是即使嘗試用巧拼片塞入木板與輪胎間的縫隙，兩種方式的木板還是搖晃。於是，在老師引導下上網查到溜滑梯支柱的相關資料，如用 A 與 H 形狀的支柱，繼而產生了一連串的嘗試行動與修正，結果還是效果不佳。此其間教師也提供跳箱為支撐物，讓幼兒實作與調修，幼兒於跳箱與坡面間擺放一個小輪胎，並不斷在行動中調整。表 3-6-2 是木板初版溜滑梯搭建與遊戲中幼兒探究的問題與探究後的解答。

圖 3-6-5.　多元材料創作：木板初版溜滑梯 1

圖 3-6-6.　多元材料創作：木板初版溜滑梯 2

表 3-6-2

木板初版溜滑梯搭建與遊戲中幼兒探究的問題及探究後的解答

木板初版溜滑梯搭建與遊戲	
探索或待解決的問題	探索後的解答
什麼材料比紙箱堅固？	• 以實驗方式找出不怕水、撕不破與硬的材料：木頭與塑膠。 • 到公園觀察溜滑梯結構之結論：材質堅固、支柱固定、坡面平滑。
如何製作較堅固的滑梯，並如何讓滑梯坡面的木板固定在輪胎上不滑動？	• 以木板為滑梯坡面及以堆疊的輪胎為支柱（階梯式、柱子式），並用巧拼塞入木板坡面與輪胎中。 • 上網查詢 A 與 H 形支柱，用兩張大椅子形成 H 型支柱，並塞紙捲於縫隙中（圖 3-6-7.）。 • 配合三個輪胎墊於滑梯坡面上端，及用兩張大椅子形成 H 型支柱於坡面中段兩邊，並以輪胎阻擋於滑梯坡面下端接近地面處（圖 3-6-8.）。 • 運用跳箱為支柱，並在跳箱與坡面間塞一小輪胎。

圖 3-6-7. 多元材料創作：木板初版溜滑梯 3

圖 3-6-8. 多元材料創作：木板初版溜滑梯 4

（三）木板改版溜滑梯

　　為了於室內就有溜滑梯使用，在老師引導下，以類似蛋糕形狀的六角形大坐墊與止滑墊取代跳箱、輪胎的作用。其過程是：幼兒發現木板總是會搖晃，「推論」是當支柱的輪胎與木板接觸是圓弧形的關係，所以木板斜靠上去就不穩固（即兩者之接觸面小）；教師透過兩個問題引導孩子尋找可替代之物：「**什麼東西不是圓弧形，木板放上去不會晃動？**」「**什麼東西跟我們做出來的輪胎支柱一樣高？**」孩子在幼兒園的圖書區發現六角形的坐墊，看出兩個六角形大坐墊約等於原來使用的三個輪胎支柱，於是嘗試擺置，並在教師引導下於木板坡面與大坐墊間、木板坡面與地面間，均塞入止滑墊，以增加摩擦力讓木板坡面不滑動。完成後，孩子很開心討論了遊戲規則，並將其命名為蛋糕溜滑梯，因六角形坐墊很像蛋糕，如圖 3-6-9. ～圖 3-6-11. 所示。而原有的紙箱溜滑梯則拍照留作紀錄。

圖 3-6-9.　多元材料創作：木板改版溜滑梯 1

圖 3-6-10.　多元材料創作：木板改版溜滑梯 2

圖 3-6-11. 　多元材料創作：木板改版溜滑梯 3

4 「一起創建遊戲樂園」主題探究課程之 STEM 要素分析

在大致了解「一起創建遊戲樂園」主題探究課程的六大主軸活動後，本章專注於探討本課程與 STEM 教育的關係，因限於篇幅及力求深度，乃以兩個主軸活動——積木搭建與遊戲、多元材料滾物坡軌之搭建與遊戲，深入分析其 STEM 各領域成分。期待這樣的分析與敘寫有助於有心實施者之參考。

☆積木搭建與遊戲之 STEM 要素分析
☆多元材料滾物坡軌之搭建與遊戲之 STEM 要素分析

　　「一起創建遊戲樂園」主題探究課程之各大主軸活動幾乎是圍繞在建構活動上，其使用材料有積木與其他建構性教具、生活回收材料兩大類；而幼兒建構的內涵大部分圍繞在搭建建築物、可滾彈珠或球等的坡道（軌）或溜滑梯，有小部分則是建構各種造型。本章僅就兩大主軸活動──積木搭建與遊戲、多元材料滾物坡軌之搭建與遊戲，深入分析其中的 STEM 成分，因為以上兩大主軸活動主要涉及建物搭蓋與坡道（軌）創建的建構活動，一個是使用以積木為主的建構，一個則是以回收材料為主的坡軌搭建，各具代表性。

一、積木搭建與遊戲之 STEM 要素分析

　　積木搭建與遊戲的發展歷程，如圖 3-1-1. 所示。在搭蓋建築物的過程中發現了好玩的坡道，於是開啟了坡道的探索；而在坡道建蓋的歷程中為增加遊戲的趣味與多樣，遂設法與建築物結合，最後教師帶著幼兒統整搭建的各種技巧。可以說建物、坡道以及兩者連結是在歷程中自然衍發與結合的。表 4-1-1 呈現整體積木搭建與遊戲中之 STEM 各領域要素分析，並於表後說明其 STEM 學習成分。

　　Lindeman 與 Anderson（2015）指出，積木是很豐富的活動，當孩子在積木遊戲搭蓋高塔或坡道時，運用直接讓他體驗「平衡」、「重力」、「斜坡」等「科學」概念的「工程」實踐原則，而在製造對稱平衡時，計數左右兩邊積木的數量，涉及「數學」。又當孩子與不同形式、形狀及各種種類積木（單位積木、磁性積木、套鎖積木、樂高等）接觸互動時，它有很多機會學到「技術」上的設計；且當孩子在玩積木時，是實際上在從事「技術」上的設計，即創造一個有用、有益與可解決問題的一些東西。此外，當孩子在初始設計與再設計時，他必須運用語文、繪畫與戲劇遊戲等以表徵與溝通他的想法〔即藝術（A）〕。可以說它是一

表 4-1-1
積木搭建與遊戲中之 STEM 要素分析

STEM 分析	主軸 活動	積木搭建與遊戲		
		建物	滾物坡道	坡道與建物連結
科學（S）		• 運用科學程序能力：觀察、推論、溝通、預測、找資料、作驗證、比較等。 • 體驗科學概念：平衡、結構等。	• 運用科學程序能力：觀察、推論、溝通、預測、找資料、作驗證、比較等。 • 體驗科學概念：平衡、結構、重力、斜坡、動能等。	• 運用科學程序能力：觀察、推論、溝通、預測、找資料、統整等。 • 體驗科學概念：平衡、結構、重力、斜坡、動能等。
技術（T）		• 探查工具：電腦、繪本、說明書。 • 記錄工具：相機、繪圖。 • 製作工具：單位、Kapla 積木為主、桌子、椅子等。 • 方法（程序或步驟）或技術：建物搭建方法（如地基厚實、倚牆而立等）；建物搭建技術（如交錯堆疊、封構、搭橋、型式等）。	• 探查工具：電腦、繪本、繪圖、說明書。 • 記錄工具：相機、繪圖。 • 製作工具：單位、Kapla 積木為主、其他建構性教具、生活回收材料。 • 方法（程序或步驟）或技術：坡道搭建方法（如組合斜坡、階層斜坡、梯體式坡道、建物式坡道等）；坡道搭建技術（如遞增堆疊、搭橋、斜坡、型式等）。	• 探查工具：電腦、說明書。 • 記錄工具：相機、繪圖製書。 • 製作工具：Kapla 積木為主、其他建構性教具。 • 方法（程序或步驟）或技術：綜合搭建與坡道兩種技術；連結技術（搭橋、斜坡、吊懸等以形成有意義、好玩的組合體，如大社區）；內建技術（建物內建坡道、建物式坡道、建體式坡道）。

表 4-1-1
積木搭建與遊戲中之 STEM 要素分析（續）

STEM 分析 \ 主軸 / 活動	積木搭建與遊戲		
	建物	滾物坡道	坡道與建物連結
工程 (E)	• 設計：以繪畫設計自己的家。 • 思考與製作：運用積木特性、搭建技術或方法，以建構結構穩固的建物。 • 改良或優化：實作以調修成穩固的建物。	• 思考與製作：運用積木特性、搭建技術或方法，以建構可滾物、滾長長、轉彎與堅固的坡道；思考坡道坡度（斜率）、長度與彈珠滾動關係。 • 改良或優化：實作以調修成好玩的坡道。	• 設計：以繪畫故事情境圖做為設計。 • 思考與製作：運用積木特性、搭建技術或方法，以連結結坡道、或是建物，形成社區，或是建物本身，思考坡道坡度（斜率），長度與彈珠滾動關係。 • 改良或優化：實作以調修成有意義的組合。
數學 (M)	• 數量與計數：積木間的比例與替換數量、樓層與支柱計數、大小量體。 • 測量：建蓋時積木比身高比較，或是建蓋幼兒比身高還要高的大樓。 • 圖形與空間：二度空間設計圖轉換到三度空間、積木間的形狀的形狀排列、在空間中堆疊排列，以積木堆疊排列出不同空間。	• 數量與計數：積木間的比例與替換數量、樓層與支柱計數、大小量體。 • 測量：坡度高低（斜率大小）比較、彈珠落下高低比較。 • 圖形與空間：積木斜坡結構即是一個三角形、積木間的形狀排列、在空間中堆疊排列，積木堆疊排列出不同空間。	• 數量與計數：積木間的比例與替換數量、樓層與支柱計數、大小量體。 • 測量：坡度（斜率大小）高低比較、彈珠落下高低比較。 • 圖形與空間：二度空間設計圖轉換即是三度空間、積木斜坡結構即是一個三角形、積木間的形狀組合、在空間中堆疊排列、以積木堆疊排列出不同空間。

個持久與適性發展的學習工具，能幫助孩子發展面對未來科技發達、不斷變遷時代的挑戰能力，因此教育者宜運用積木來支持 STEAM。

Englehart、Mitchell、Albers-Biddle、Jennings-Towle 與 Forestieri（2016）也指出，在積木區的嘗試錯誤與調整修正中，可經驗比較、實驗等科學探究能力並探索平衡、結構、重力等物理科學（S：科學）；運用技術與設計於實際建構行動中以解決建物的結構與機能問題，並用工具記錄搭建成果（T：技術、E：工程設計）；而且過程中也會涉及幾何形狀合成與分解、積木塊數計數與測量（M：數學），可以說是十足的 STEM 學習的活動。此外，它還涉及書面與口說語文的發展，促進合作、分享與輪流的社會互動，並強化大小肌肉體能領域的發展。

的確，筆者以為在積木的堆疊活動中，除以上 Englehart 等人所言之認知、技能、社會與藝術面向外，孩子從不斷倒塌或彈珠無法於斜坡道順利滾動經驗中，也促進了情緒與情意面向的發展，例如：學習忍受挫折與控制情緒，並再接再厲地挑戰自己更上一層樓。可以說積木活動不僅是 STEM、STEAM 活動，而且範圍更廣於他們。

（一）科學（S）

誠如上述所言，積木的搭建與遊戲是在空間中堆疊與排列積木，使其結構穩固及具房舍機能空間，並可進行扮演遊戲或滾物遊戲，這就涉及了平衡、結構、斜坡、重力等科學知能。孩子在一次次堆疊實作與調整中，探究與解決以下遊戲中的問題：如何讓建物不倒塌？如何搭建讓彈珠順利地滾下坡道？如何讓彈珠滾得快、遠、久？如何讓坡道轉彎且彈珠能順暢滾落？如何讓坡道堅固？如何連結坡道與建物讓它更好玩等。其實斜坡或坡道就是科學原理中簡易機械的一種。第三章的表 3-1-1 至表 3-1-4，即是幼兒探索以上遊戲問題後的解決方案，特別是表 3-1-4 是孩子在建物與坡道中所運用的複合與創意技法，顯示孩子在歷程中確實透過

解決搭建與遊戲問題，體驗或建構一些科學知能。

　　舉例而言，如何讓建物平衡穩固之技術層面上，包括：交錯堆疊、互補套疊、四面封圍、對稱、型式等（註：有規律的重複出現就是型式），例如：

幼兒 1： 我把 Kapla 積木一層放橫的，一層放直的，就可以很堅固，總共蓋了 11 層。
幼兒 2： 下面有小圍牆，上面用一層層柱子支撐……而且旁邊還有大圍牆可以保護房子。
幼兒 3： 我蓋的是 101 大樓，用一格一格的方式蓋，因為這樣積木才會平衡，有平衡感，才不會倒啊！

　　除技能外，幼兒體會了建蓋積木時要倚牆而立、厚實地基、用手輕放等方法。

幼兒 4： 下面是用原木積木蓋的地基，因為原木積木比較大、比較厚，可以支撐上面蓋的。
幼兒 5： 下面用大積木的原因是要把上面的小積木撐住。
幼兒 6： ……而且蓋的時候要輕輕地把積木放下，才不會倒掉。

　　再如如何建蓋彈珠坡道之方法有：組合斜坡、階層斜坡、梯體式坡道、建物式坡道等法，其技術包含：遞增推疊、搭橋、斜坡、型式等；如何能讓彈珠滾得快、遠、久之法有：升高坡道坡度、堆疊成梯體式坡道、增加坡道的長度、坡道兩旁加圍牆等。而如何連接坡道與建物之法包含：運用搭橋與斜坡等與大樓連接以形成有意義、好玩的組合體如大社區，建物自身如梯的梯體式坡道（坡道即梯體）、建物內建數個懸空或

斷層坡道的建物式坡道（坡道即建物）等，即含「連結」與「內建」兩種技術。這些坡道建蓋與讓坡道有趣好玩之解決方案，均可參見第三章3-1 的附圖。

　　幼兒不僅在歷程中逐步解決了建蓋與遊戲上所面臨的問題，而且還發展出令人驚豔的建物建蓋形式與坡道建蓋形式。在建物建蓋的形式上有含括複合技巧的直升機鬆餅、旋轉房子、長頸鹿、星星大樓等；在坡道建蓋形式上有斜面式、梯體式、建物式、山洞式、分流式等。以上這些建物與坡道的創意形式也可參見第三章 3-1 的附圖。對於中小班的孩子且是在 9 月上學期期間，能透過探究歷程以解決積木搭建與遊戲中的問題，而且也能有創意的外型設計表現，誠屬難能可貴。

　　至於在積木搭建與遊戲中，幼兒如何探究以解決所面臨問題呢？當然最重要的是在實作中驗證並不斷地據以調整，對幼兒而言，以行動驗證其「預測」想法是否可行，就是一種簡單的「實驗」。在建蓋失敗後，「推論」其原因如建物倒塌原因、馬路有轉彎設計卻無法行車、彈珠滾出軌道或無法順暢滾落原因等，並於整修行動中再度驗證其想法是否可行。例如幼兒在蓋完公道五時（圖 4-1-1.），針對車子只能用手移動無法自動在路上奔馳的原因，其推論與想法如下，孩子並根據想法進行改造與創作。

圖 4-1-1.　幼兒初版的公道五

祐：因為車子是用積木做的，不是電動的，所以才不能自己移動。

恩：要轉彎的空間要大一點，而且要斜斜的。

緯：道路有些地方要墊高，有些地方要低一點。

祐：道路要大一點，然後還要有斜坡。

　　又期末老師與孩子一起「統整」建蓋技巧，做成工具書，向他人「溝通」探究結果，也供他人參考之用。而在這積木區角建蓋的過程中，師生把握每星期一公園日的機會到社區與鄰近公園「觀察」建物與滑梯等的結構，孩子並用繪圖與照相方式「記錄」下來，以供回教室後參照或「比對」其所搭蓋作品。此外，在孩子要求下，老師協助孩子上網「查找資料」（圖 4-1-2.），即建物與軌道的相關圖片或影片，教師並將部分資料列印裝訂成冊置於圖書角供幼兒閱讀、觀察與「比對」其建物（圖4-1-3.）。可以說這是一個完整的探究歷程，孩子充分運用了觀察、推論、實驗、記錄、比較、溝通等科學程序能力，以探究原因並解決遊戲中的問題，同時也體驗、建構了一些科學知能。

圖 4-1-2. 幼兒查找資料

圖 4-1-3. 幼兒查找資料

（二）技術（T）

技術是任何使人類生活較為容易之事物，筆者將其歸為探查工具、記錄工具、製作工具，以及方法或技術四大類。「探查工具」讓探究行動更為順暢，例如：為解決積木搭建與遊戲中的問題，孩子經常與老師上網找尋建物與坡道相關資料，如 Kapla 積木建構、坡道（溜滑梯）之影片或圖片；此外，孩子也會參考、比對繪本《小房子》與《小小城堡》（圖4-1-4.、圖4-1-5.）等，以及參閱積木商品說明書。「記錄工具」通常是以照相、錄音或繪圖方式記錄，以保留探究歷程中的資訊與成果，例如：在外出觀察社區與公園建物結構時，或是在幼兒搭建完畢欲保留作品時。「製作工具」通常指製作的媒材、黏合或釘製等用具，在積木建蓋與遊戲過程中，主要媒材是單位積木、Kapla 積木，偶爾也用到其他建構性教具（圖 4-1-6.）或生活回收材料。而積木建構主要是堆疊，較少運用黏合或釘製工具，不過當幼兒建構高於身高的建物時，會運用桌子、椅子為輔助（圖4-1-7.、圖4-1-13.）。

圖 **4-1-4.** 幼兒查閱繪本

圖 **4-1-5.** 幼兒查閱繪本

圖 4-1-6.　運用其他材料

圖 4-1-7.　運用椅子輔助搭建

　　至於孩子在積木搭建與遊戲中，確實在實作中現學現用了積木與坡道搭建的一些「技術」，也體驗了一些搭建「方法」，例如：建物搭建在技術方面有交錯堆疊、封圍、搭橋、對稱與型式等，在方法方面有厚實地基、倚牆而立、小心輕放等；坡道搭建在方法方面有組合斜坡、階層斜坡、梯體式坡道、建物式坡道等；在技術方面有遞增堆疊、搭橋、斜坡、型式等。而在連結坡道與建物上，它綜合了坡道與建物兩者的技術與方法，並且以搭橋、斜坡、吊懸等「連結技術」形成組合體如大社區、賽車道，以及建物內建坡道的創意方式將兩者巧妙結合，如梯體坡道（坡道即梯體）、建物式坡道（坡道即建物）等的「內建技術」。以上幼兒運用的技術與方法請參見第三章 3-1 附圖。

（三）工程（E）

　　工程活動是整個 STEM 教育歷程的核心架構，在整個積木建蓋與遊戲中，孩子依次歷經了設計、思考與搭建、改良或優化品質的過程。首先

是「設計」之例，孩子查閱電腦資料後發想繪圖，據以建蓋自己的房子，以及發想與繪畫故事情境圖，做為合作建蓋甜甜寶石社區的依據。其次，孩子在歷程中必須思考運用什麼積木（即積木特性）、何種搭建技術或方法，以建構結構穩固並具空間機能的建物，還有溜得快、遠、久的彈珠坡道，以及可轉彎與堅固的坡道，並將建物與坡道兩者做有意義地結合，可以說是充分歷經「思考與製作」的歷程，特別是思考坡道坡度（斜率）、長度與彈珠滾動的關係，以調修成好玩的滾物坡道。而在經過一次次地試驗與調整，最後終於「改善」建物的穩固性，「提升」彈珠坡道的遊戲品質，讓彈珠溜得快、遠、久，並能轉彎且是堅固的，而且還將建物與坡道做有意義的結合。這最後的成果對孩子而言，是非常具有激勵性的。

圖 4-1-8.、4-1-9. 顯示孩子在六張桌面上所建蓋的坡道之製作與調整歷程，是個十足的工程活動。在初版時，彈珠無法從起點溜到終點，孩子「推論」是因為坡道間沒有連結且也沒有坡度，於是著手改良精進，如

圖 4-1-8. 坡道初版：沒有連接也無斜坡　　圖 4-1-9. 坡道改良精進中

圖 4-1-9. 所示。又第三章圖 3-1-15. 顯示孩子思考、搭建及精進坡道的工程活動，孩子在行動中不斷嘗試堆高積木、連接到堆高的輪胎、形成懸空坡道，以增加彈珠滾落的高度，並且也增加坡道的長度，好讓彈珠可以滾得遠；圖 3-1-16. 則是孩子在不斷思考、排組積木及調整中，終於搭建出形成梯體的轉彎坡道，使遊戲更加好玩。

（四）數學（M）

數學在 STEM 教育中是經常被運用的學科領域。幼兒在搭建積木中，必須計數某種類型積木的數量、所需的支柱數、坡道墊高的積木數、所蓋樓層數（圖 4-1-10.）、軌道分流的數量等；特別是經常會碰到某類型積木用罄，必須以其他積木替代的狀況，例如：如果單位積木中的四倍塊積木用完時，幼兒可以用兩個雙倍塊或四個基本塊替換，因為一個四倍塊積木等於兩個雙倍塊積木、四個基本塊積木，這就涉及比例、倍數與計數；也可以換成八個三角塊，更可以用四個大三角取代，因為兩個三角塊可組成一個基本塊，兩個大三角可組成一個雙倍塊，所以也涉及積木間的形狀組合關係。圖 4-1-11. 是幼兒發現的圖形組合關係，即四個四分之一圓可填補兩個直角轉接塊結合的缺口，也可用兩個大半圓取代；圖 4-1-12. 是幼兒發現搭蓋大樓柱子的四倍塊積木用完時，也可以兩個雙倍塊取代，做為一根柱子。

又在彈珠坡道遊戲中，比較彈珠滾得快、遠、久，設計彈珠不同滾動落點給予不同計分，這當然也都是數學內涵。此外，孩子在建構行動中，經常也必須手持不同比例的積木比較其長短，或者是實際比較坡道高度、彈珠落下高低、彈珠軌道長短，這都涉及測量。還有當在建蓋 101 大樓時，以自己身高為依據、比較，及站在椅子或桌子上繼續完成，這也是測量的呈現（圖 4-1-13.）。其實積木斜坡整體結構的外形即是一個三角形，若是幼兒將一長方形積木斜架在數塊堆高的積木上形成坡道，這

圖 4-1-10. 幼兒計數搭建層數　　圖 4-1-11. 幼兒發現的圖形組合關係

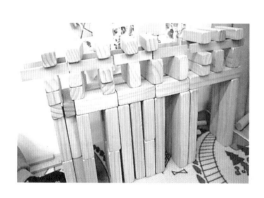

圖 4-1-12. 以兩個雙倍塊替代一個四倍塊
做為柱子

圖 4-1-13. 涉及測量的建構

長方形積木、數塊堆高的積木、與地面就形成三角形（圖 4-1-14.）。

　　此外，若有繪製設計圖，孩子必須將二度空間設計轉為三度空間思考，在空間中堆疊、排列與推理，並在其所搭建物中合理分配與製造合宜的空間，如屋頂、樓層、車庫、彈珠的家或接住彈珠滾落的空間，例如：圖 4-1-15. 是有屋頂的小熊家，圖 4-1-16. 是有 17 個人（以圓柱體表示）的城堡，圖 4-1-17. 是有圈圍圓柱體滾落的空間的坡道。尤其到後面的坡道與建物連結時，除積木建物與坡道的空間配置外，還加入其他建構教具作品，必須整體考量合理的空間位置及安排。以上在在都涉及圖形與空間思考。

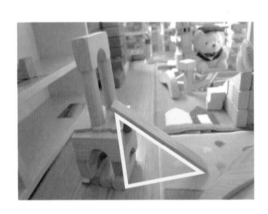

圖 4-1-14.　積木斜坡結構：三角形

圖 4-1-15.　配置空間：有屋頂的小熊家

圖 4-1-16.　配置空間：內有 17 人的城堡　　**圖 4-1-17.**　　配置空間：坡道與滾落的空間

（五）藝術（A）與其他

　　積木建構不僅只是涉及 STEM 學習，它還涉及藝術（A）與其他。首先在搭建時，經常看到孩子參閱網路所印出圖片、積木說明書或繪本；於搭建中，幼兒運用對稱、重複型式等美感元素於建物中，如星星大樓、直升機鬆餅等；在搭建中或後，孩子經常加入故事情節玩起扮演遊戲，並繼續加入建物中所需物品，如床、桌、椅等加以延伸。又在結合坡道與建物時，孩子先是討論並繪製故事情境圖（圖 4-1-18.），以為甜甜寶石社區建蓋的依據並套入熟悉曲調（小星星）編創成兒歌，以向大家表達此創作的想法；後來不斷延伸、調修後成為「家」（圖 3-1-22.），也套入熟悉曲調（聖誕歌曲 Jingle Bell），以表達創作所思。

☀ 甜甜寶石社區（小星星）

聖誕樹下有軌道，
高鐵火車要載人，
小熊機器人玩積木，
飯店房子要住人，
青青草原溜滑梯，
我們大家一起玩。

圖 4-1-18.　故事情境圖為設計依據

☀ 家（聖誕歌曲 Jingle Bell）

我們家很堅固，
還有溜滑梯　嘿！
小巨城可逛街買水果牛奶，
要開車　坐飛機，
閃亮亮小太陽，
地球救援隊　救兔子。

　　此外，在蓋好大賣場與有山洞的賽車軌道（圖 3-1-23.）後，孩子也編創故事向大家表達想法——大家一起拿獎盃。最後師生統整搭建技巧，繪畫製成工具書，以供他人參考，並於期末歷程展以圖像紀錄、兒歌表達、遊戲活動等向父母介紹整學期探究所得。以上這些都涉及廣義的人文藝術，包含語文、美感元素、想像故事、扮演遊戲、繪圖、兒歌等。

☀ 大家一起拿獎盃

軌道車子在山洞下面休息，大賣場可以保護四臺車，有一臺是彩色的賽車，另外三臺是彩色的吉普車……，賽車跑得比較快贏得第一名，帶著獎盃跟小雞、蜜蜂、兔子分享獎盃。吉普車回家的路上去加油站用小的油箱加油，從軌道的馬路開回家，四臺車開回去山洞軌道整理車子，就休息洗澡睡覺，明天繼續比賽。

其實，不僅是以上 STEAM 內涵，積木建構本就涉及大小肌肉操作之體能面向；又幼兒在建構歷程中也體驗人際合作、分享、輪流、等待等社會性技巧，常見幼兒共同建構的畫面（圖 4-1-19.、圖 4-1-20.），尤其是坡道與建物連結成有意義的大型組合體時，更是眾人合力。此外在搭建時建物經常倒塌，孩子間運用正向語言彼此鼓勵，並學習控制情緒，也會制訂遊戲規則，彼此遵守，好讓遊戲順利進行。整體而言，孩子的神情是愉悅的、態度與行為是有禮的、學習是專注與主動的，可以說已經超越 STEM、STEAM 的範疇。

圖 4-1-19. 同儕合作搭蓋

圖 4-1-20. 同儕合作搭蓋

二、多元材料滾物坡軌之搭建與遊戲之 STEM 要素分析

多元材料滾物坡軌之搭建與遊戲之發展歷程，如圖 3-5-2. 所示，孩子在教室中探索牆面膠板式的坡軌後，思考如何讓坡軌不受限膠板空間可到處延伸？於是，由搭建三度空間的高架軌道開始，歷程中發現坡軌材質與材質間連接形成諸多問題，致使彈珠無法滾動順暢或飛出坡軌；此外，幼兒也想要搭建多條可玩的坡軌，就尋找教室中的其他材料，轉移到平滑有護欄的保麗龍坡軌的製作。然而，保麗龍太大致使在膠板上只能製作一條坡軌，無法達到多條可玩的目的，遂轉移到鐵網與白板坡軌；接著為讓遊戲更好玩有趣，幼兒在實作行動與驗證中出現了多條入口、彎道與機關設計。最後則製成可資參考的工具書。表 4-2-1 呈現多元材料滾物坡軌搭建與遊戲中之 STEM 各領域要素分析，並於表後說明其 STEM 學習成分。

多元材料滾物坡軌之搭建與遊戲涉及簡易機械的斜坡（Ramp）原理，可以滾玩彈珠或其他物體，例如：乒乓球、小鋼珠、保麗龍球等。斜坡與通道（Pathway）是透過創造一個斜坡結構以移動物體，讓孩子投入探究、解決問題的 STEM 取向活動，它涉及物理科學，從中體驗速度與坡度間因果關係、坡軌的結構與功能、能量與物質、力量與運動、關聯系統、穩定與改變等，積極地讓孩子投入「工程」設計與「科學」探究，是很有價值的 STEM 活動（Zan, 2016b）。也就是孩子必須探索與實驗不同坡道的不同斜率及方位所產生的結果，它含括物理與幾何概念，涉及科學、數學、技術與工程面向（Moomaw, 2013）。

至於坡軌本身可以有多種材質，例如：紙盤、寶特瓶、瓦楞紙、積木、骨牌、塑膠管等，而且坡軌整體的形式也可以多樣。除了可以以積木、骨牌等為主要建蓋材質，在地面或桌面上排組成「平面延伸式」有

表 4-2-1
多元材料滾物坡軌搭建與遊戲中之 STEM 要素分析

STEM分析 \ 主軸活動	多元材料滾物坡軌搭建與遊戲		
	高架坡軌	膠板保麗龍坡軌	鐵網與白板坡軌
科學（S）	・運用科學程序能力：觀察、推論、溝通、預測、找資料、驗證、比較等。 ・體驗科學概念：重力、斜坡、動能、結構等。	・運用科學程序能力：觀察、推論、溝通、預測、找資料、實作、驗證、比較等。 ・體驗科學概念：重力、斜坡、動能、結構等。	・運用科學程序能力：觀察、推論、溝通、預測、找資料、實作、訪談、統整、驗證、比較等。 ・體驗科學概念：重力、斜坡、動能、結構等。
技術（T）	・探查工具：電腦上網。 ・記錄工具：繪圖。 ・製作工具：打洞機、剪刀、泡棉膠、毛根、尼龍繩、鐵罐、寶特瓶等。 ・方法（程序或步驟）或技術：「形成斜坡軌技術」，如打洞、綁結、連接、調修等。	・探查工具：電腦上網。 ・記錄工具：繪圖。 ・製作工具：美工刀、泡棉膠、膠板、保麗龍等。 ・方法（程序或步驟）或技術：「形成斜坡軌技術」，如切割、比較、黏合、連接、調修等。	・探查工具：電腦上網。 ・記錄工具：相機、繪圖製書。 ・製作工具：打洞機、毛根、寶特瓶、磁鐵、夾子、紙捲、鐵絲、泡棉膠等。 ・方法（程序或步驟）或技術：「形成斜坡軌技術」（如打洞、綁結、剪裁、坡軌坡度及方位與路徑排組、調修等）；「讓坡軌好玩方法」（如設多入口、轉彎與機關）；「快速組裝坡軌方法」（如使用夾子、磁鐵）。

表 4-2-1
多元材料滾物坡軌搭建與遊戲中之 STEM 要素分析（續）

STEM 分析	主軸 / 活動	多元材料滾動坡軌搭建與遊戲		
		高架坡軌	膠板保麗龍坡軌	鐵網與白板坡軌
工程（E）		・設計：參考高架軌道繪設計圖。 ・思考與製作：運用材質、技術或方法，以製作可延伸與奧運球滾動順暢的坡軌。 ・改良或優化：實作以調修成可延伸坡軌；實作以調修彈球不順問題；改換為膠板保麗龍坡軌。	・設計：繪五條交錯的坡軌設計圖。 ・思考與製作：運用材質、技術或方法，以讓彈球滾動順暢。 ・改良或優化：實作以調修成順暢坡軌；實作以調修坡軌傾倒問題；改換為可懸吊之鐵網、白板。	・設計：繪設計圖。 ・思考與製作：思考每截坡軌坡度（斜率）、方位並排組彈球滾動路線，以製作、技術、轉彎與有機關之好玩坡軌；運用材質、技術或方法，以製作多入口、轉彎與快速組裝坡軌。 ・改良或優化：實作以調修成多入口、可轉彎、有機關的坡軌；實作以調修成可快速組裝坡軌；增加不同的滾物讓遊戲坡軌；增加不同的滾物讓遊戲好玩。

表 4-2-1
多元材料滾物坡軌搭建與遊戲中之 STEM 要素分析（續）

STEM 分析	主軸／活動	多元材料滾物坡軌搭建與遊戲		
		高架坡軌	膠板保麗龍坡軌	鐵網與白板坡軌
數學（M）		• 計數：滾球成功次數。 • 測量：比較寶特瓶與兩支柱間長度。 • 估算：估算所需寶特瓶數。 • 空間思考：二度空間設計圖到三度空間中組合成可移動的坡軌與支柱；思考坡道坡度（斜率）與彈珠滾動關係。	• 計數：運用膠板片數與保麗龍段數；滾球成功次數。 • 測量：比較保麗龍與膠板長度。 • 估算：估算所需保麗龍與膠板數。 • 空間思考：二度空間設計圖到三度空間；在膠板上組合保麗龍斜坡軌道；思考坡度（斜率）與彈珠滾動關係。	• 計數：運用鐵網張數與軌設坡數；滾球成功次數。 • 測量：比較每個坡軌與鐵網、白板長度。 • 估算：估算所需寶特瓶或紙捲數。 • 空間思考：二度空間設計圖到三度空間；思考每截坡軌坡度（斜率）與彈珠滾動速度與關係；思考每截坡軌滾動方位與彈珠運動方向關係（向左、右、下等）；在空間中思考與安排彈珠軌的路徑；在鐵網、白板上組合成好玩的坡軌，如有數個坡軌入口、轉彎與機關的斜坡軌道。

坡度的軌道外；也可以是其他材質環繞於中心物體呈「軸心螺旋狀」的，如紙盤坡軌環繞於硬紙捲軸心；還有立體結構之「四面環繞式」，例如：塑膠管或硬紙捲坡軌環繞於四面鐵網結構上；另外，也可以是寶特瓶、瓦楞紙、紙捲等鑲嵌在牆面的膠板、鐵網、白板、磁鐵板上，形成「牆面懸吊式」有坡度的軌道，讓彈珠、球或其他物體沿所設計的軌道路徑滾落。以上均涉及「工程」設計與「技術」層面。筆者將之稱為滾物坡軌或滾物坡道，孩子則稱為彈珠軌道。

其實除了涉及以上科學概念的認知層面外，滾物坡軌的探究與遊戲過程中，孩子都需設計斜坡通道，而當孩子建蓋物體擬移動的路徑時，就涉及「數學」中的空間思考以及測量與比較等；因為要思考的是，如何將每截坡軌在空間中排組並連接成可讓彈珠連續滾動的完整路線，也自然涉及「工程」設計。而為了讓遊戲好玩，通常孩子會投入許多時間去修正與優化其坡軌結構，以獲得情緒上的滿足；並且此一遊戲的工程設計還傳達給孩子他們是能幹的問題解決者的訊息，讓孩子具有信心（Zan, 2016b）。又在坡軌的剪裁（如寶特瓶、紙捲均需橫剖）與連接成坡軌路徑時，也會上下移動接綁運用小肌肉技能；而且孩子間彼此合作搭建坡軌工程（如我手持一截坡軌，方便你以毛根綁在鐵網上）並制訂遊戲規則，乃涉及人際互動的社會面向；最後將成果向他人溝通或繪製成可資他人參考的工具書，這樣的活動實超越 STEM、STEAM 的範疇。

（一）科學（S）

斜坡、坡道或坡軌是科學原理中簡易機械的一種。誠如以上所言，滾物坡軌遊戲是涉及選材與在空間中排組成斜坡軌道，以連成物體可連續滾動的斜坡結構，它涉及力量與運動，可從中體驗坡軌的結構、斜坡、重力、動能、彈珠速度與坡度（斜率）間的因果關係、彈珠滾動方向與坡軌方位的關係等科學概念。本主軸活動一開始是設法製作不受限牆面

膠板空間、可自由延伸的坡軌，孩子參觀車站的高架軌道後想出三度空間中高架坡軌的作法；而在歷程中，幼兒忙於思考與解決彈珠滾動不順卡於坡軌中、或飛出坡軌的遊戲問題。其後為解決坡軌材質與材質連接問題，也想要有多條坡軌可玩，又回到牆面式的膠板坡軌，在尋找教室材質平整且有護欄的材料後，幼兒則思考如何讓保麗龍於膠板上成為可滾物體的坡軌且膠板穩固不倒。

膠板坡軌因太大了，還是無法解決軌道只有一條的問題，而且也無法轉彎，於是產生鐵網、白板坡軌，孩子必須改變每一截坡軌的方位與角度，並觀察與思考其改變如何影響物體的運動。在一次次排列組合的實作調整中，探究與體驗如何讓物體從一截坡軌順利滾落到另一截坡軌？思考如何讓彈珠滾得快？如何使坡軌轉彎？如何增加遊戲趣味性？甚至如何輕鬆拆解與安裝每截軌道？於是最後出現多條入口、轉彎與內建機關的設計。第三章的表 3-5-1 至表 3-5-3，即是幼兒探索後的解決方案，並請見 3-5 所有附圖，顯示孩子在歷程中確實透過解決搭建與遊戲問題，建構一些科學知能。

舉例而言，如何讓坡軌可延伸不受限牆面膠板空間？其解決方案是仿車站的高架軌道，製作貫穿空間的長條斜坡軌道並以數個支柱支撐，其運用的技術包括：打洞（寶特瓶）、綁結（毛根）、連接（橫剖的數個寶特瓶間、寶特瓶軌道與各支柱間）等，使成斜坡軌道。接著如何能讓彈珠於軌道中滾動順暢不卡住或飛出，其方法有：坡軌下面以柱子頂住並用膠帶黏合空隙，以減少毛根綁結所產生的落差；調整坡軌坡度；或以手傾斜寶特瓶坡道尾端，讓球順利滾落，這表示幼兒知道調整坡度會影響物體的滾動速度，斜率愈大滾動愈快。在屢試後尚不滿意彈珠滾動的效果，又想要有多條坡軌可玩，於是坡軌改換為材質平順並有護圍的保麗龍。

再如如何讓膠板保麗龍坡軌穩立之法，是用泡棉膠將堆疊的大樂高黏

合，以做為柱子支撐。在換到能製作多條坡軌的鐵網與白板後，孩子除打洞、綁結、裁剪外，在實作中還運用思考坡軌坡度及涉及方位、角度的坡軌路徑排組的「形成坡軌技術」，即調整每截坡軌的坡度、方位與排列坡軌的路線，好讓彈珠順著坡軌路徑滾至終點；此外還思考如何能「讓坡軌好玩」方法，諸如：讓坡軌轉彎、製作多條入口、上網尋找軌道機關設計，並思量以製作水車機關、旋轉機關等；以及「快速組裝坡軌方法」。整體而言，幼兒在歷程中運用了不同的技術，製作不同形式的坡軌，例如：在白板、鐵網上有 Z 形設計（孩子命名為 S 軌道）（圖3-5-10.、圖 4-2-5.）、多入口匯合再分流的設計（圖 4-2-6.）、兩人合併孩子認為看起來像U形字的設計（圖 3-5-12.、圖 3-5-13.）。不僅逐步解決彈珠在坡軌上滾動不順的問題，而且還發展出讓坡軌遊戲更有趣的設計，例如：有機關設計、有彈珠盒接滾落的彈珠等。甚至還運用不同的球體滾落，例如：保麗龍球、乒乓球、小鋼珠等，結果發現小鋼珠太重、乒乓球常卡於紙捲，彈珠則是最佳的滾物。有關幼兒的解決方法請參見第三章 3-5 附圖與附表。

　　至於在彈珠坡軌排組與遊戲中，幼兒如何探究以解決問題最終讓彈珠軌道有趣、好玩呢？當然最重要的是在實作中驗證並不斷地改良、優化，對幼兒言，以行動驗證其「預測」想法當否，就是「實驗」。在驗證失敗後，「推論」其原因如彈珠滾出軌道、彈珠集結或卡住、彈珠無法順暢滾落等原因，並重新調整坡軌的坡度、方位與路徑後，再度驗證彈珠滾動情形。例如：在高架軌道時，由於大家同時溜滾彈珠以及寶特瓶材質關係，致使軌道凹陷彈珠全都卡在該處，無法溜到最下面，孩子的推論與想法如下，並據以精進：

馨：因為彈珠都溜到這裡，太重了，所以就溜不下去了。
恩：我們應該要在這個地方把它墊高，這樣就不會太低了。

祐：大家都擠著一起溜彈珠，所以彈珠就溜不下去了。

翔：可以拿紙杯和紙盒來墊高軌道的高度。

　　又在這滾物坡軌搭建的過程中，師生經常外出「觀察」社區車站附近的高架軌道、社區斜坡等，並且以繪圖或拍照方式「記錄」所見；還曾「詢問」隔壁班老師有什麼管子可以彎來彎去，老師告知：「**牆壁上有很多不同的管子，你們可以拿起來摸一摸、看一看。**」孩子在探索後就選取了洗衣機排水管（圖 4-2-1.）。而在孩子不斷「實驗」中終於自己排組出轉彎的坡軌路徑。後來孩子想讓坡軌更好玩，老師就帶著孩子上網「查找資料」——機關設計（圖 4-2-2.），孩子則在思考與設計後，又歷經實作中調整與修正的循環歷程，圖 4-2-3. 與圖 4-2-4. 是孩子正在調修坡軌。如此一回回地實驗與調修，最後獲得種種解決方案，並以拍照與繪畫方式「統整」做成工具書，向他人「溝通」探究的結果，也供他人參考用。可以說這是一個完整的探究歷程，孩子充分運用了觀察、推論、實驗、查資料、記錄、溝通等科學程序能力，以探究原因並解決問題。

圖 4-2-1. 孩子訪談老師後探索與選取管子

圖 4-2-2. 老師帶著孩子查找機關設計資料

圖 4-2-3.　幼兒正在調修坡軌　　　　圖 4-2-4.　幼兒正在調修坡軌

（二）技術（T）

　　技術含探查工具、記錄工具、製作工具，以及方法（程序、步驟）或技術四大類，在滾物坡軌的排組與遊戲中，也涉及這些技術。讓探究行動更為順暢的「探查工具」，例如：為更加了解彈珠軌道的建構與所遭遇問題，孩子經常與老師以「電腦」上網找尋各類坡軌資料，有軸心螺旋式、四面環繞式、平面延伸式、牆面吊懸式等影片或圖片，並以「投影機」播放激發想法，然後用「影印機」列印放在圖書角供幼兒參閱；其後孩子想讓遊戲有趣好玩，師生又「上網」尋找坡軌的機關設計，以供幼兒參照發想。「記錄工具」是指在探究過程中以各種方式保存探究內涵，例如在最後階段以「拍照」與「繪圖」方式製成工具書，供他人參考，如：圖 4-2-5.，孩子命名為「S 軌道」；圖 4-2-6.，是一個以上入口且匯合又分流的「挖土機軌道」；其實這也顯示孩子考量坡軌的坡度、方位與路徑的排列組合，並在實作中驗證是否可行，及可讓球滾入下一段坡軌中，此即運用「形成坡軌技術」。

圖 **4-2-5.** 滾物坡軌工具書的製作（孩子命名為 S 軌道）

圖 **4-2-6.** 滾物坡軌工具書的製作（孩子命名為挖土機軌道）

　　至於「製作工具」通常指製作的媒材、黏合或釘製等用具，在坡軌建蓋與遊戲過程中，軌道主要媒材是橫剖的寶特瓶、紙捲與保麗龍框條，平面鐵網、白板與膠板，與做為柱子支撐的硬紙捲、奶粉罐、紙箱、大樂高等；黏合或釘製的工具有打洞機、美工刀、剪刀、泡棉膠、膠帶、毛根、尼龍繩、磁鐵、夾子等。圖 4-2-7. 顯示孩子結合寶特瓶與紙捲媒材，在白板上排列組合的多入口滾物坡軌。

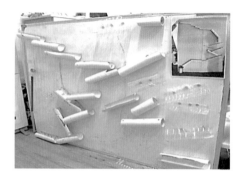
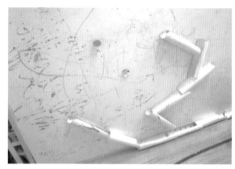

圖 4-2-7.　結合寶特瓶與紙捲的多入口　　圖 4-2-8.　多入口又轉數個彎的坡軌
　　　　　　坡軌

　　總之，孩子在坡軌搭建與遊戲中，確實在實作中現學現用了一些技術或方法，例如：打洞、切割、裁剪、黏合、綁結等，以及調整坡度、方位與路徑好讓彈珠於一截截軌道中連續滾動的「形成坡軌技術」；設機關、具多條入口、可轉彎並順暢溜動彈珠等「讓坡軌好玩」的方法，圖4-2-8. 為多入口又轉數彎的坡軌；以及使用夾子、磁鐵的「快速組裝坡軌」的方法。以上這些都是幼兒真確探索與體驗所得的技術或方法。

（三）工程（E）

　　在整個坡軌排組與遊戲歷程中，孩子依次歷經了設計、思考與搭建、改良或精進品質的「工程」過程。首先是「設計」之例，孩子參考車站附近的高架軌道後繪畫設計圖（圖 4-2-9.），據以搭建高架坡軌；當在無法解決彈珠溜動不順問題以及想製作多條軌道下，轉到膠板保麗龍坡軌，圖 4-2-10. 為幼兒正在繪製設計圖。在膠板保麗龍無法多軌可玩轉到鐵網與白板坡軌時，教師與幼兒共同查閱電腦資料並發想讓遊戲好玩的機關設計，圖 4-2-11. 是幼兒正在思考機關如何設計。其次，孩子在歷程中必須思考運用什麼媒材、工具、技術或方法，以建構可溜彈珠的坡

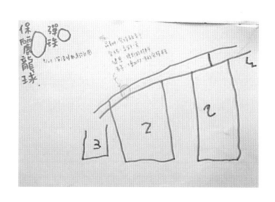

圖 **4-2-9.** 高架坡軌設計圖

圖 **4-2-10.** 膠板保麗龍坡軌設計圖

圖 **4-2-11.** 幼兒思考機關設計

軌，充分歷經「思考與製作」的歷程；特別是白板與鐵網坡軌，孩子必須思考每截坡軌坡度（斜率）、方位與彈珠滾動速度、方向的關係，並排組成滾動路線，好讓彈珠從一截坡軌順利地滾至另一截中。

　　而在經過不同形式坡軌一次次地試驗與調修，最後終於「精進」滾物坡軌的品質，讓遊戲好玩、有趣，而且用夾子（鐵網）、磁鐵（白板）使坡軌易於組合與拆解。舉例言之，圖 3-5-11. 是幼兒合併三個鐵網以設計軌道，共有五條起點、水車機關、旋轉機關（圖 5-1-2.）、洞洞機關（圖 5-1-4.）及接落彈珠滾落的「彈珠的家」；又孩子所排組的坡軌形式十分多樣，已如上述。這最後的成果對孩子而言，是非常具有鼓舞性的。以下是孩子精進坡軌的分享：

穎：彈珠溜到這裡就會卡住，因為軌道沒有平平，我要用膠帶黏好（意指將坡軌接縫處理平順）

蓁：彈珠溜到這裡都會飛出去，所以就用沒有切一半的紙捲（意指完整包覆的筒狀），讓彈珠不要飛出去。

禎：我把軌道弄高一點（意指傾斜坡軌提升坡度），彈珠就會溜得很快，一下子就溜到下面了。因為剛才（未改變軌道的斜率前），彈珠溜到中間就不溜了。

恩：我做了一個可以接住彈珠的盒子（改善彈珠溜下來會四處滾動的問題）。

思：這個軌道有加一個機關，彈珠溜下來的時候就會打到機關喔。

翔：我和小思做的軌道U字型可以兩個人一起玩（兩人的坡軌合起來有如U字形）

（四）數學（M）

空間意識與空間推理活動通常在幼兒數學活動中，不如數量運算，較被忽略，然而在滾物坡軌的搭建與遊戲中，涉及大量的空間意識與推理。首先孩子在繪製設計圖後，必須將二度空間設計轉為三度空間思考，在實作時必須考量坡軌坡度（斜率）與彈珠的滾動速度、坡軌的方位與彈珠的運動方向（向左、向右、向下等）的關係，並且在空間中安排每截坡軌的路徑，使彈珠能連續滾動；甚而還要使其能有多入口、轉彎與機關，讓彈珠遊戲更加好玩，這都涉及「空間」推理與配置。

此外，幼兒也必須經常手持寶特瓶、紙捲比較其與鐵網、白板的長度，這就是「測量」的表徵，並且「估算」或「計數」所需的寶特瓶、紙捲甚或坡軌數量，以及白板、鐵網數量，以順利連接成可滾物的坡軌。圖 4-2-12. 是幼兒在做成工具書供他人參考時，以數字標示坡軌的數量。圖 4-2-13. 為幼兒試擺保麗龍於膠板上，比較兩者長度，然後做記黏貼，即涉及測量。況且幼兒在坡軌遊戲中也會在彈珠滾動的適當地點，給予分數，計分比賽起來，這當然涉及數學。

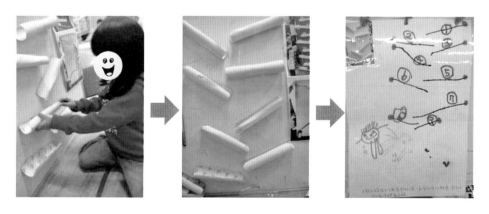

圖 4-2-12. 坡軌工具書故事情境：小熊和尼莫溜坡軌

圖 4-2-13. 　幼兒試擺保麗龍於膠板

（五）藝術（A）與其他

　　坡軌排組不僅只是涉及 STEM 學習，它還涉及藝術與其他。在搭建時，經常看到孩子參閱網路所印出圖片；在建蓋好白板坡軌後，幼兒在白板畫上背景圖及編故事情境，讓彈珠坡軌遊戲對幼兒更加具有意義，並編入工具書中，以供他人參考，例如：圖 4-2-12. 的故事情境是：「小熊和尼莫從第一個軌道開始溜，一直溜到第九個軌道，就可以去海洋世界看企鵝」；圖 4-2-14. 的故事情境是：「城堡先生在看彈珠比賽」。最後並於期末歷程展向父母介紹。以上這些都涉及廣義的人文藝術，含語文、想像故事、遊戲、繪圖等。

　　其實不僅是以上 STEAM，坡軌排組本就涉及小肌肉體能面向，因為幼兒要裁剪紙捲、切割寶特瓶，而且也要站著上下左右地調整每截軌道的坡度、方位與路徑。又幼兒在建構歷程中也體驗人際合作、分享、輪流、等待等社會性技巧，圖 4-2-15. 是幼兒共同制定坡軌遊戲規則，遊戲規則

是：(1)一次丟一顆彈珠；(2)要愛惜溜滑梯軌道；(3)彈珠要輕輕溜；(4)一個人把彈珠溜下去之後，再換下一個人玩；(5)從上面開始溜球；(6)彈珠要放在盒子裡。也常見幼兒溝通想法與共同建構的畫面（圖 4-2-16.～圖 4-2-18.）。通常孩子是極為投入的情緒狀態，可以說已經超越 STEM、STEAM 的範疇。

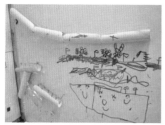

圖 4-2-14. 坡軌工具書故事情境：城堡先生在看彈珠比賽

圖 4-2-15. 幼兒共同制定坡軌遊戲規則 　圖 4-2-16. 幼兒合作建構

圖 4-2-17. 幼兒合作建構　　　　　　圖 4-2-18. 幼兒合作建構

　　以上是「一起創建遊戲樂園」主題探究課程兩個主軸活動的 STEAM 各領域要素分析。其實其他主軸活動也充滿 STEAM 成分，例如：多元材料溜滑梯之搭建與遊戲，也涉及科學探究、科學概念、技術、工程活動與數學思考，如表 4-2-2 所示。與以上兩大主軸活動同，它也超乎 STEAM 範圍，含括廣義的藝術層面、人際合作的社會層面，例如：共同討論溜滑梯規則，並實際身體力行，輪流、等待與護衛同儕安全（圖 3-6-4.），最後則以自編唸謠方式介紹溜滑梯的使用規則。總之，整個「一起創建遊戲樂園」主題探究課程充滿 STEAM 軌跡與色彩並超越其範疇，因主題探究課程著眼於幼兒全人發展，重視各領域均衡發展。

表 4-2-2
多元材料溜滑梯搭建與遊戲之 STEM 要素分析

STEM 分析 / 主軸活動	多元材料溜滑梯搭建與遊戲		
	紙箱溜滑梯	木板初版溜滑梯	木板改版溜滑梯
科學（S）	・運用科學程序能力：觀察、推論、預測、實作、驗證、溝通等。 ・體驗科學概念：結構、重力、斜坡、摩擦力等。	・運用科學程序能力：觀察、找資料、預測、推論、實作、驗證、溝通等。 ・體驗科學概念：結構、重力、斜坡、摩擦力等。	・運用科學程序能力：觀察、推論、預測、實作、驗證、溝通等。 ・體驗科學概念：結構、重力、斜坡、摩擦力等。
技術（T）	・記錄工具：照相機。 ・製作工具：紙箱、膠帶、牛奶盒、大樂高、鞋板、保麗龍等。 ・方法（程序或步驟）或技術：斜面與支柱技術；以紙箱疊成 L 形做為滑梯的支柱；以全面打開的紙箱做為滑梯的坡面；坡面與 L 形支柱間墊牛奶盒；在滑梯平臺上鋪膠板蓋住破損。	・探查工具：電腦上網。 ・製作工具：木板、輪胎、紙箱、椅子、跳箱、紙捲等。 ・方法（程序或步驟）或技術：斜面與支柱技術；以堆疊輪胎做為滑梯的支柱；以木板由高住低位置放做滑梯的坡面；在滑梯坡面與支柱間墊空門臺巧拼；用輪胎限擋住滑梯下方近地面處；用兩張大紙捲於 H 形支柱並墊大椅子形成坡面、椅子間。	・方法（程序或步驟）或技術：斜面支柱技術；以止大坐墊代替輪胎為支柱；以止滑墊塾於坡面與支柱間以及滑墊與地面接觸處，以增加摩擦力。 ・記錄工具：照相機。 ・製作工具：木板、大型坐墊、防滑墊等。

117

表 4-2-2
多元材料溜滑梯搭建與遊戲之 STEM 要素分析(續)

STEM 分析 主軸 活動	多元材料溜滑梯搭建與遊戲		
	紙箱溜滑梯	木板初版溜滑梯	木板改版溜滑梯
工程 (E)	・思考與製作:運用材質、技術或製作堅固可溜之滑梯。 ・改良或優化:實作以調修成堅固可溜之滑梯;觀察與實驗破損問題;觀察與實驗後改換為硬消的木板與輪胎支撐。	・思考與製作:運用硬且滑的材質、支柱技術或方法,以製作成堅固可溜之滑梯。 ・改良或優化:實作以調修成堅固有支柱滑梯板坡面晃動的問題;觀察與實作後改換可在室內使用的溜滑梯材質——大坐墊、止滑墊。	・思考與製作:運用硬且滑的材質、支柱技術或方法,以製作在室內使用之溜滑梯。 ・改良或優化:在老師引導下以六角形大坐墊、防滑坐墊取代輪胎支柱與巧拼的作用。
數學 (M)	・數量與計數:計數形成 L 形滑梯支柱的紙箱數。 ・空間:在空間中配置以形成斜面與柱之滑梯。	・數量與計數:計數滑梯支柱之輪胎數。 ・空間:在空間中配置以形成斜面與支柱之滑梯。	・數量與計算:輪胎與坐墊之轉換計算。 ・空間:在空間中配置以形成斜面與柱之滑梯。

5 結論與建議

第四章從各領域檢視「一起創建遊戲樂園」主題探究課程的 STEM 成分，發現其實是充滿 STEM 各領域經驗，而且其領域範疇更超乎 STEM。本章則從 STEM 教育四大特徵加以論述此一主題探究課程如何反映 STEM 特色，並綜合以為本書結論——主題探究課程為 STEM 教育平臺。此外，在此基礎上據以提出相對應之建議，期望能對現場教師與幼兒園能有所裨益。

☆結論：主題探究課程為 STEM 教育平臺
☆建議：STEM 教育六項具體實務建議

一、結論：主題探究課程為 STEM 教育平臺

筆者在第一章定義 STEM 為：針對生活中的個人與社會問題，透過工程的設計、製作與精進的核心活動，以為課程與教學之主軸，歷程中並整合運用科學與科學探究、數學與數學思考、以及技術與工具，以促進製作的品質暨解決實際問題。它具有四項特徵與實務作法：(1)面對生活中真實問題以「解決問題」為目標；(2)運用探究能力以求知、理解的「探究取向」；(3)運用設計、製作與精進的「工程活動」；以及(4)運用科學、數學與各類技術的「統整課程」。

「一起創建遊戲樂園」主題探究課程歷經六大主軸活動之體驗：(1)積木搭建與遊戲；(2)建構性教具搭建與遊戲；(3)社區與公園建物之觀察；(4)多元材料搭建與遊戲之各類創作；(5)多元材料搭建與遊戲之滾物坡軌；以及(6)多元材料搭建與遊戲之大型溜滑梯。可以說整個課程多是透過區角活動如積木區、軌道區、材料建構區的自由遊戲而發展的，學習區域提供了 STEM 學習的土壤。筆者深以為主題探究課程不僅如上章所析充滿 STEM 各領域經驗，更反映 STEM 教育四大特徵，以下論述「一起創建遊戲樂園」主題探究課程如何反映此四項特徵，並綜合論述以為本書之結論——主題探究課程為 STEM 教育之平台。

（一）面對生活真實問題以「解決問題」為目標

在課程設計上，STEM 課程是師生選定現實生活或遊戲中待解決的問題，加以探究，其目的在於解決問題。「一起創建遊戲樂園」主題探究課程是在全園大主題「玩具」下，依據區角自由探索中幼兒表現的興趣所萌發出來的課程，無論是多元回收材料建構，或是建構性教具操作，在搭建與遊戲的過程中都遭遇許多問題，並且也為了讓遊戲更好玩，幼

兒遂投入解決問題與研發的歷程中，例如：孩子想在教室搭建真正可溜的溜滑梯，最初以紙箱製作成有坡面也有支柱的滑梯，但孩子的天真想法抵不住現實材質不堅的考驗，經過使其堅固的思考與改良程序，如以大樂高塞入支柱的紙箱中、以牛奶盒塞入坡面與支柱的縫隙等，最終還是失敗，遂轉至木板與其他材質的一連串探索與製作。

再如孩子創作各種多元材料的坡道後，想要連結讓軌道變長更加好玩，例如：夾子冰棍軌道連結小蛇軌道、膠板軌道連結冰棍軌道，卻面臨坡道不穩、有高低落差、球飛離坡道等問題，孩子則在實作與調整中一一解決。還有在積木搭建遊戲中，建物老是倒塌，在持續嘗試與整修中，建構了建物搭建技術如交錯堆疊、封圍、對稱、搭橋型式等，以及建物搭建方法，例如：厚實地基、倚牆支撐、小心輕放等，終於解決倒塌問題。此外，也以組合斜坡、階層斜坡、坡道即梯體、坡道即建物、分流坡道與山洞坡道等多元創意方法，搭建出能滾彈珠的坡道，並以升高坡道斜率、堆積成梯體式的階梯坡道解決彈珠滾得慢的問題。另外，在鐵網與白板軌道中為讓遊戲好玩、有趣，也設計出有多入口、轉彎、機關與可迅速拆解的坡軌，並使用多種滾物如小鋼珠、保麗龍球、乒乓球、彈珠等。以上種種都是孩子因應自己的遊戲需求與問題並為了使遊戲有趣好玩，於是投入解決問題與研發歷程中的實例。

（二）運用探究能力以求知、理解的「探究取向」

「一起創建遊戲樂園」主題探究課程本就是探究取向的課程，強調運用觀察、推論、查資料、記錄、預測、實驗、比較、溝通等的探究能力，以求知並理解事物運作的原因、因果關係與影響因素，所以自然也能順利地解決以上孩子在遊戲中所面臨的問題。首先，上網「查資料」成為孩子生活中的一部分，在遇到問題或為讓遊戲更為有趣時，孩子會央求老師帶著上網查詢相關圖片做為參考。以多元材料滾物坡軌為例，

孩子想多了解滾物坡軌，在老師帶著上網時發現無論是材質或形式均可多樣，尤其是形式有搭建於地面或桌面之平面延伸式、有中軸之軸心螺旋式、立體結構之四面環繞式、於牆面鐵網或磁板之牆面懸吊式等，這些形式激發孩子的創意發想，製作出 S 形軌道、挖土機軌道等；後來又想讓遊戲更加好玩，也是經歷上網查詢機關設計，引發孩子製作水車機關、洞洞機關、旋轉機關，並有容器接住滾落的彈珠等。

　　除了上網查資料外，翻閱繪本也是一種求知探究方式，或是帶著問題到社區與公園「觀察」以探索之，並以畫圖或照相「記錄」所獲資訊，使與自己的作品「比較」，在積木搭建與遊戲、多元材料滾物坡軌與溜滑梯等的建構行動中，均是如此求知探究，以利解決問題。然後幼兒在實作調修歷程中，通常會「推論」失敗原因，例如：彈珠為何滾出積木坡道？為何卡在寶特瓶坡軌中央？舉例言之，在搭建紙箱溜滑梯時，孩子推論「**我們現在遇到的問題是這個滑梯坡面的下方沒有塞東西，會讓它軟軟的（指紙箱坡面塌陷）**」；接著據以改良修正以「驗證」其想法是否正確或可行，最後以口語或繪製工具書向大家「溝通」探究所得。

　　再以此想在教室搭建實際可溜、好玩的溜滑梯為例，一開始孩子本其童稚想法以紙箱製作，在紙箱經不住現實考驗破損下，透過「對談討論」轉而探究較為不怕水、撕不破與硬的材質，在老師引導下經過「實驗」發現木頭與塑膠是較為合適的；其後到社區公園「觀察」實體溜滑梯，更加確定材質堅固、坡面滑與有支柱支撐很重要，遂進入木板材質滑梯的製作。而在木板滑梯製作歷程中，發現木板一直滑動不穩，也是透過上網「查詢相關資料」，並在實作中調整「驗證」的歷程。以上這些都涉及科學探究，其目的在求知、理解，也有益於問題的解決。

（三）運用設計、製作與精進的「工程活動」

　　工程活動是幼兒 STEM 教育的核心歷程，一開始孩子在探究求知後，思考與設計可能的解決方案，然後依據方案動手製作，而在製作中也會遇到新的問題，必須再度探究、思考與驗證，最後逐漸提升製作的品質。孩子在實際行動中失敗時，多會推論其原因並不斷地調整修正，試圖精進改善它，像是多元材料溜滑梯由易破損的紙箱版本，進化到堅硬的木板與輪胎版本，再精進到木板、坐墊與有止滑墊的版本；多元材料滾物坡軌由空間有限的牆面膠板版本，歷經繪畫設計圖暨製作可在空間中延伸的高架坡軌，以及設想錯誤只能製作一條坡軌的膠板保麗龍版本，到最後的有多入口、轉彎與機關設計的鐵網與白板坡軌。再如積木坡道搭建由僅為運用積木外型如大三角，自然形成斜坡，進階到較複雜的組合斜坡體、階層斜坡體、梯體式坡道，以及較創意的內建有數個懸空或斷層的建物式坡道、分流式坡道、山洞式坡道；至於建物搭建則由單一技術，例如：堆疊、封圍、對稱等，提升到呈現複合式技法的境界──直升機鬆餅、旋轉房子、星星大樓等，在在均顯示精進或優化的工程活動歷程。圖 5-1-1.～圖 5-1-5. 為滾物坡軌活動中，孩子正在製作的好玩機關與測試彈珠滾動狀態，充分顯現工程活動特性──以製作物為載體的製作與精進歷程。

圖 5-1-1.　幼兒正在製作旋轉機關

圖 5-1-2.　製成的旋轉機關

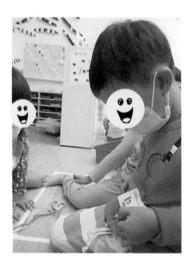

圖 5-1-3.　幼兒正在專注地發想與製作水車機關

圖 5-1-4.　洞洞機關（彈珠落盤由洞掉下）

圖 **5-1-5.**　孩子正在測試彈珠於軌道滾動狀況

（四）運用科學、數學等與各類技術的「統整課程」

　　在「一起創建遊戲樂園」整個課程進展歷程中，可謂各學科知能都整合於此一主題探究課程中，是一個十足的統整性課程。在此以滿足遊戲需求及解決遊戲中問題的工程活動課程中，幼兒不僅運用科學探究能力，例如：觀察、推論、實驗、記錄、比較、溝通等，以求知並解決製作上問題，優化遊戲產物的品質，並從中體驗重力、斜坡、平衡、結構、力量與運動等相關科學概念。而且在歷程中，建構教具的比例、比較、數量替換或估算，積木間的形狀組合，在空間中調整斜度與方位、組合路徑與堆疊排列等，均攸關數學內涵與與數學思考。

　　十分重要的是，在此探究課程中，幼兒一面使用各類材質與技術，並也一面習得並運用技術與知能，例如：交錯堆疊、對稱、封圍、搭橋、型式等的積木「建物搭建技術」，並能顯現複合技術與創意，還有打洞、

切割、裁剪、綁結等，及調修坡軌坡度、方位與排組路徑的「形成斜坡軌技術」，並也運用「讓坡軌好玩方法」。可以說相關知能統合於此生活化主題中，是真正的課程統整。

綜上所述，「一起創建遊戲樂園」主題探究課程不僅反映以上 STEM 教育的四大特徵，具 STEM 特色，而且也如第四章所分析充滿 STEM 各領域經驗；此外，它也重視廣義的藝術（Arts），富有 STEAM 經驗：過程中孩子經常一面建構，一面自然地進行戲劇扮演遊戲或編創情境故事；運用平衡、對稱、型式等美感原則於建蓋行動；並以口語、兒歌、繪畫製成工具書等方式，溝通探究後的成果與想法。

然而，「一起創建遊戲樂園」主題探究課程更超越以上二者，它同時強調面對失敗的情緒管理，大家相互鼓舞，例如：積木建物倒塌、彈珠老是卡在坡軌中等；以及人際間合作、輪流、分享、互助的社會情意面向，例如：合作建蓋、共同制定遊戲規則等，實更符合未來人工智能時代 Stempathy 人才需求。」值得一提的是，除每天早上的戶外大肢體時間，每星期固定到社區與公園的散步暨探索活動，無疑地對增進幼兒體能有所助益；而在操作大小建構教具或生活中回收物中，本就涉及大小肌肉的運用，可以說這是一個著眼於幼兒全人發展的統整性課程，在探究歷程中，自然含括幼兒發展全面向。

總之，「一起創建遊戲樂園」主題探究課程反映了 STEM 教育的特徵，也充滿了 STEM 教育各領域經驗，並超越其範疇。其實在幼教界實施良久且為優質課程指標的主題探究課程，本就強調幼兒的探究行動，在探究歷程中「運用」與「發展」主題相關知能，而且也能解決問題，可以說各領域知能自然整合於主題中，做到真正具有統整性的課程。因此它實為具解決問題、探究、工程活動與課程統整特徵的 STEM 教育的基礎，使較為理工取向的 STEM 教育易於實現，堪稱為 STEM 教育之平臺。

二、建議：STEM 教育六項具體實務建議

　　STEM 教育是以解決生活問題為目標，以探究為方法，以工程為活動，以製作物為載體，並強調統整課程，符合未來的時代的需求。未來是人工智能當道的時代，社會高速變遷與劇烈競爭，我們的幼兒要能具備生存於未來時代的能力，因此，本書根據結論，據以提出有關 STEM 教育具體落實之建議如以下六項。

（一）宜自嬰幼兒期開始接觸與涵養 STEM

　　「一起創建遊戲樂園」是中小班上學期的課程，在課程中透過工程創造活動與運用數學、科學、技術等知能，體驗了諸多科學概念如平衡、結構、重力、斜坡、力量與運動、速度與斜坡坡度間關係、滾動方向與坡軌方位關係等。雖然體驗的概念未必很深，但如同第三章所述，孩子在實作與驗證中確實解決了諸多問題，也獲致一些知能，例如：如何讓建物穩固不倒？如何能搭建讓彈珠滾下的坡道？如何讓坡道轉彎且彈珠能順暢滾落？如何能讓坡軌遊戲更好玩？其解決方案也頗有創意，例如：建物形式有運用交錯堆疊、對稱、型式等的複合樣式——直升機鬆餅、旋轉房子、星星大樓等；坡道建蓋形式有組合斜坡、階層斜坡、坡道即建物、梯體式、分流式與山洞式等；再如坡軌遊戲加入多入口、轉彎與機關設計等，讓遊戲更為好玩。

　　整體而言，幼兒是在實作行動中探究與驗證其想法，並調整修正的，經歷了探究與工程活動的歷程，終能解決問題，相信這樣的經驗必可成為日後學習的參照與跳板，開啟知識的大門與發展更精緻的解決問題能力，以因應未來時代之需。如前述 Becker 與 Park 的研究發現，愈早進行 STEM 教育愈有效，且幼兒天生好奇喜探究，為讓我們的幼兒在未來具有

競爭力與解決問題能力，筆者以為，自嬰幼兒期開始就可讓孩子浸淫其中，如同 Barbre（2017）、Zan（2016a）等學者之主張。

（二）由區角逐步擴展並整合愈多的領域

本主題探究課程多涉及 STEM 各領域，而且也含括藝術、情緒、社會、語文、體能等面向，無疑地是個統整性課程，符合 STEM 教育特徵、充滿 STEM 經驗且超乎其範疇。在另一方面，STEM 教育可能有多種樣式，誠如 Moomaw 所言，幼兒 STEM 教育可以在學習角落進行，也可以以班級方案的方式探索，而且戶外場地與校外教學亦可涉及，甚至是每日生活事務或活動皆可，是無所不在的，但仍以涉及兩個以上領域為主。不過筆者以為，幼兒教育在很早前就提倡含括區角、分組與團體活動的統整性主題課程，所以建議幼兒教師可從教室的區角活動開始，逐步擴展為班級主題或方案（項目）課程；本主題探究課程也是從學習角落出發，發現幼兒的建構興趣，於是開始萌發建物、斜坡與造型的軸線活動，共構成班級主題。此外，還要逐漸加重 STEM 四個領域的分量，因為統整性課程是 STEM 教育四項重要特徵之一，所以只要活動或課程內涵涉及愈多的 STEM、STEAM 領域或愈統整，則愈不離其本，而且幼兒教育本就強調全人發展的概念與目標。

（三）在主題探究課程基礎之上檢視與強化 STEM

誠如前述 Kuhlthau 等學者所言，探究學習能幫助學校迎接未來挑戰，預備學生的生存與工作能力，所以是頗值大力推廣的課程型態；而且本書課程實例與分析顯示，主題探究課程充滿豐富的 STEM 四領域經驗，且更超乎它，又充分反映 STEM 教育的特徵，因此，強調探究行動的主題探究課程使得 STEM 教育易於落實，可謂 STEM 教育的平臺。況且具整合性與探究性特徵的主題探究課程已行之有年，為高品質幼教課程的指標，

在中國大陸《三到六歲兒童學習與發展指南》以及臺灣《幼兒園教保活動課程大綱》的基本精神，都包含整合性與探索性，所以 STEM 教育在幼兒教育上並非從零開始，在主題探究課程之上，可讓 STEM 教育易於實現。

職是之故，已實施主題探究課程的園所，可持續在主題之基礎上強化 STEM 成分，亦即為更加因應未來時代之需，吾人可運用 STEM 四領域來檢視主題課程與活動中所涉及的成分；換言之，不必拋棄原有課程而重啟爐灶，STEM 可做為檢視課程的工具，在現有的基礎上強化這四個領域。若是對還未實施主題探究課程者，則必須先以實施整合特性的主題課程為開始，以符合中國大陸《三到六歲兒童學習與發展指南》及臺灣《幼兒園教保活動課程大綱》核心精神；此外，還要逐步開放自己的教學，讓孩子能有探究的空間與機會，然後再在此基礎上漸進邁向 STEM 教育，因為探究是解決問題的先要條件，而解決問題是 STEM 教育的重要目標。

（四）教學宜以動手操作的直接經驗為主，並善於搭配科技媒體

科技數位產品已經非常普及，成為日常生活中的一部分，無法避免，而且未來是人工智能時代，因此適度援用數位科技乃為必要，例如：孩子運用電腦上網查找資料或圖片，用以求知探究，已成為本課程裡中小班幼兒的生活習慣；此外，用手機或用照相機保留創作的作品或供日後參閱、比較，也是經常在教室進行的。然而對幼兒的學習而言，它的價值永遠無法與真實的與動手操作的經驗相比，幼兒應該盡可能地在生活中與大自然中運用真實的材料學習。可以為戒的是，誠如德國腦神經學家 Spitzer（2014）指出，幼年時期如接觸大量的體驗式學習、體育、音樂或文化等，對孩子的未來是有助益的；反之，過分依賴電子數位產品，

會產生學習障礙和自我管理問題，與其他更嚴重的後遺症（http://mp.weixin.qq.com/s/-LgP8MZVO2cVfZx3prv_2g）。

美國媒體素養教育協會（National Association for Media Literacy Education, MAMLE）認為，探究習慣與表達技巧是幼兒媒體與科技素養的兩個試金石或重要技能（Selly, 2017），筆者也認為幼兒階段若運用數位科技，應側重於協助幼兒探究求知與表達溝通，而非完全取代其他的材料或學習方式；也就是宜善為運用數位科技於查找資料、引起好奇與探究、抒發與表達自己的想法等，然而動手操作甚至產出製作物，仍為 STEM 教育的主要訴求，不得犧牲直接經驗，尤其是對處於前運思期的學前幼兒。

（五）教師宜扮演引導與鷹架者的關鍵角色

為培養幼兒的 STEM 素養，教師的知能與引導也是很重要的。本課程中的教師在學期初與課程進行中，不斷地加入可供幼兒建構的媒材，例如：寶特瓶、紙捲、牛奶罐、保麗龍、紙箱、紙杯、牙籤等，其實也在引導幼兒建構的方向；又如幼兒在搭建滾物坡道（軌）時，有時是應幼兒要求上網，有時教師為要充實自己以及激發幼兒創意發想與製作，也會預先上網查詢坡道（軌）或建物的各種形式與材質，然後在團體討論時間播放給幼兒觀賞。

Counsell 與 Sander（2016）針對滾物坡軌活動指出，當孩子在進行活動時，老師必須關照孩子的近側發展區（ZPD）並搭鷹架協助，如目的在指引與促進探究歷程的合宜提問，當孩子不斷重複建蓋原結構，教師可以透過提示給予挑戰，以讓幼兒學習新技能等。又美國 Tuft 大學 Erikson 中心之 STEM 教育四項引導原則之一也是「孩子需要成人協助以發展 STEM 傾向」。吾人以為 Zan（2016a）所言甚是，當幼兒被有技巧與有知識的老師引導時，就能投入嚴肅的 STEM 研究，所以教師們皆須積極地充

實 STEM 教育或是主題探究課程的相關知能，並且提供幼兒合宜的引導，以激發其潛能。

另外，本課程中的技術層面之一製作工具雖僅涉及打洞機、切割的美工刀、熱熔槍、剪刀等工具，不過本園幼兒經常有機會使用鋸子、電鋸、手搖鑽、切菜刀、鐵鎚等（周淑惠，2017b）。一般幼兒教師因安全考量，都害怕讓幼兒使用具危險性的工具，其實只要老師在幼兒使用前有合宜的解說與示範引導（示範鷹架），幼兒是有能力操作的，端看教師願意開放與否的態度。培養幼兒運用技術在 STEM 教育中相當重要，因它是以工程活動為歷程、製作品為載體的教育方式，因此頗值吾人深思。

（六）教師宜抱持正向態度，與幼兒共同成長並提供 STEM 探索機會

本書中的兩位老師大膽嘗試滾物坡軌的活動，其實對他們而言，也感陌生，但他們追隨幼兒的興趣，願意與幼兒一起成長，實屬難能可貴。許多幼兒園教師懼怕科學、數學，對教學未具有信心，尤其是很少實施科學活動，吾人當然不樂見 Curran 與 Kellogg（2016）基於實徵研究的發現——幼兒階段在不同族群與性別間就有科學表現上的差距，且更甚於其他領域。不過如果教師因害怕鮮少實施科學教育，幼兒自然就失去科學探究的機會，更談不上有機會涉及較為理工取向的 STEM 教育了。美國 Tuft 大學 Erikson 中心之 STEM 教育四項引導原則之一是，成人對 STEM 的信念與態度會影響孩子，所以身為幼兒教師，不得不慎。建議教師對 STEM 秉持正向態度，而且本著成長之心努力充實自身並在課程進展中與幼兒共同探究，因為我們的幼兒是要生存於未來高度競爭與急速變遷的社會中，提供 STEM 探索機會，讓幼兒具有解決問題的生存能力，是教師的重責大任。

後記

　　以上是甜甜寶石班幼兒在 2017 年 9 月到 2018 年 1 月初整學期的課程。2018 年 4 月中旬本課程出版前夕，筆者前往幼兒園探訪，看到該班「一起創建遊戲樂園」的主題仍持續進行，各角落活動均圍繞在坡道（軌）的搭建，幼兒在設計、製作與精進的遊戲過程中，忙於彈珠在坡軌滾動效果的改進。例如積木區以單位積木與 Kapla 積木蓋了大型的高速公路，材料建構區以建構性教具蓋了小型的彈珠軌道，幼兒們均很投入於實驗彈珠的滾動效果。讓筆者驚艷的是，大型的高速公路不僅量體比上學期大了許多，而且路段交錯有轉彎的設計，明顯看出彈珠於轉彎坡道上行走順暢，因幼兒設法讓坡道的斜率加大，且於適當處有轉彎設計；而小型的彈珠軌道遊戲則更為精緻與聚焦，而且運用多元建構材料，可見幼兒對坡道（軌）的濃厚興趣，這可以說是在上學期的建構基礎上，讓遊戲樂園更為好玩與具體。以下圖 1.～圖 4. 是幼兒在下學期坡道的建構。

圖 1.　大型高速公路坡道 1

圖 2.　大型高速公路坡道 2

圖 3.　小型滾物坡道 1

圖 4.　小型滾物坡道 2

參考文獻

中文部分

中國教育科學研究院（2017）。**中國 STEM 教育白皮書**。取自 http://mp. weixin.qq.com/s/Pjlxk3Y0WP5qdgSfh8pShw

中國教育創新研究院（2016）。**面對未來的教育：培養 21 世紀核心素養 的全球經驗**。取自 https://wenku.baidu.com/view/c42be92608a1284a c95043d8###

周淑惠（1998）。**幼兒科學經驗：教材教法**（第二版）。臺北市：心理。

周淑惠（2006）。**幼兒園課程與教學：探究取向之主題課程**。臺北市：心 理。

周淑惠（2017a）。**面向 21 世紀的幼兒教育：探究取向主題課程**。新北 市：心理。

周淑惠（2017b）。STEM 自幼開始：幼兒主題探究課程中的經驗。**臺灣 教育評論月刊，6**（9），169-176。

周淑惠（2017c）。**未來社會幼兒園課程的挑戰與應對**。未發表之園長會 議 PPT。

周淑惠、鄭良儀、范雅婷、黃湘怡等（2007，6 月）。**以幼兒興趣為探究 取向之主題課程：新竹市親仁實驗托兒所的經驗**。論文發表於臺灣課 程與教學學會第十六屆課程與教學論壇：全球化衝擊下的課程與教學 學術研討會，新竹教育大學。

范斯淳、游光昭（2016）。科技教育融入 STEM 課程的核心價值與實踐。 **教育科學研究期刊，61**（2），153-183。

馬祖琳（2009）。幼兒積木創作的表徵經驗。載於馬祖琳（主編），**幼兒 創造性思考的表徵經驗：臺中市愛彌兒幼兒園積木活動紀實**（頁

107-129）。臺北市：心理。

張俊、臧蓓蕾（2016）。幼兒園 STEM 綜合教育：概念、理念及實踐構想。科學大眾‧**STEM**，**880**（12），2-5。

張軍紅、陳素月、葉秀香（譯）（1998）。**孩子的一百種語言**（原作者：L. Malaguzzi）。臺北市：光佑。

黃又青、詹佳蕙（譯）（2000）。**噴泉：為小鳥建造樂園的活動記實**（原作者：Reggio Children）。新北市：光佑。

黃湃翔、高慧蓮、陳淑敏、黃楸萍（2014）。科學教育新熱點：科學探究學習進程。**現代桃花源學刊**，**4**，96-117。

廖月娟、李芳齡（譯）（2017）。**謝謝你遲到了：一個樂觀者在加速時代的繁榮指引**（原作者：T. L. Friedman）。臺北市：天下文化。

臺中愛彌兒教育機構、林意紅（2002）。**鴿子：幼兒科學知識的建構**。新北市：光佑。

親仁科幼甜甜寶石班（2017）。**一起搭建遊戲樂園主題課程 PPT**。未出版資料。

親仁科幼甜甜寶石班（2017）。**一起搭建遊戲樂園雙周報**。未出版資料。

西文部分

Anderson, R. D. (2002). Reforming science teaching: What research says about inquiry. *Journal of Science Teacher Education, 13*(1), 1-12.

Audet, R., & Jordan, L. (2005). *Integrating inquiry across the curriculum.* Thousand Oaks, CA: Corwin Press.

Barbre, J. G. (2017). *Baby steps to STEM: Infant and toddler science, technology, engineering, and math activities.* St. Paul, MN: Redleaf Press.

Beane, J. (1997). *Curriculum integration: Designing the core of democratic education.* New York, NY: Teachers College Press.

Becker, K., & Park, K. (2011). Effects of integrative approaches among science, technology, engineering, and mathematics (STEM) subjects on students' learning: A preliminary meta-analysis. *Journal of STEM Education, 12*(5-6), 23-36. Retrieved from http://ojs.jstem.org/index.php?journal=JSTEM&page=article&op=view&path%5B%5D=1509&path%5B%5D=1394

Counsell, S., & Sander, M. (2016). Using ramps in diverse learning communities. In Regents' Center for Early Developmental Education at the University of Northern Iowa. (Ed.), *Learning with young children: Inquiry teaching with ramp and pathways.* New York, NY: Teachers College Press.

Curran, C., & Kellogg, A. T. (2016). Understanding science achievement gaps by race/ethnicity and gender in kindergarten and first grade. *Educational Researcher, 45*(5), 273-282.

Englehart, D., Mitchell, D., Albers-Biddle, J., Jennings-Towle, K., & Forestieri, M. (2016). *STEM play: Integrating inquiry into learning centers.* Lewisville, NC: Gryphon House.

Erikson Institute. (2017). *Early STEM matters-providing high quality STEM experience for all young learners: A policy report by the Early Childhood STEM Working Group.* Retrieved from http://ecstem.uchicago.edu/overview/

Ge, X., Ifenthaler, D., & Spector, J. M. (2015). Moving forward with STEAM education research. In X. Ge, D. Ifenthaler, & J. M. Spector (Eds.), *Emerging technologies for STEAM eduction*(pp. 383-395). New York: Springer.

Helm, J. H., & Katz, L. G. (2016). *Young investigators: The project approach in the early years* (3rd ed.). New York, NY: Teachers College Press.

International Technology Education Association. [ITEA] (2007). *Standards for technological literacy: Content for the study of technology.* Reston, VA: Author.

Johnson, H. M. (1996). *The block book* (3rd ed.). Washington, DC: The National Association for the Education of Young Children.

Katz, L. G. (2010, May). *STEM in the early years*. Paper presented at the STEM in early Education and Development Conference. Cedar Falls, IA. Retrieved from http://ecrp.uiuc.edu/beyond/seed/katz.html

Krajcik, J., & Delen, I. (2017). Engaging learners in STEM education. *Eesti Haridusteaduste Ajakiri, nr 5*(1), 35-38. Retrieved from http://ojs.utlib.ee/index.php/EHA/article/view/eha.2017.5.1.02b/8467

Krogh, S. L., & Morehouse, P. (2014). *The early childhood curriculum: Inquiry learning through integration* (2nd ed.). New York, NY: Routledge.

Kuhlthau, C. C., Maniotes, L. K., & Caspari, A. K. (2015). *Guided inquiry: Learning in the 21st century* (2nd ed.). Santa Barbara, CA: ABC-CLIO.

Land, M. H. (2013). Full STEAM ahead: The benefits of integrating the arts into STEM. *Procedia Computer Science, 20*, 547-552.

Lederman, N. G. (1999). The state of science education: Subject matter without content. *Electronic Journals of Science Education, 3*(2). Retrieved from http://ejse.southwestern.edu/article/view/7602/5369

Lindeman, K. W., & Anderson, E. M. (2015). Using blocks to develop 21st century skills. *Young Children, March*, 36-43.

Moomaw, S. (2013). *Teaching STEM in the early years: Activities for integrating science, technology, engineering, and mathematics*. St. Paul, MN: Red Leaf Press.

National Council of Teachers of Mathematics. (2000). *Principles and standards for school mathematics*. Retrieved from https://www.nctm.org/uploadedFiles/Standards_and_Positions/PSSM_ExecutiveSummary.pdf

National Research Council. [NRC] (1996). *National Science Educational Stan-*

dards. Retrieved from https://www.csun.edu/science/ref/curriculum /reforms/ nses/ nses-complete.pdf

National Research Council. [NRC] (2000). *Inquiry and the national science education standards: A guide for teaching and learning.* Washington, DC: National Academy Press. Retrieved from https://www.nap.edu/read/9596/ chapter1

National Research Council. [NRC] (2009). *Engineering in k-12 education: Understanding the status and improving the prospects.* Washington, DC: National Academy Press.

National Research Council. [NRC] (2013). *Next generation science standards.* Retrieved from https://www.nextgenscience.org/three-dimensions and https:// www.nap.edu/read/13165/chaper/7#42

President's Council of Advisors on Science and Technology. (2010). *Prepare and inspire: K-12 education in science, technology, engineering, and math "STEM" for America's future.* Retrieved from https://nsf.gov/attachments/117803/ public/2a-Prepareand_Inspire-PCAST.pdf

Rubin, K. H., Fein, G. G., & Vandenberg, B. (1983). Play. In P. H. Mussen (Ed.), *Handbook of Child Psychology*(pp. 690-705). New York: John Wiley & Sons.

Selly, P. T. (2017). *Teaching STEM outdoors: Activities for young children.* St. Paul, MN: Red Leaf Press.

Sharapan, H. (2012). From STEM to STEAM: How early childhood educators can apply Roy Roggers' approach. *Young Children, January*, 36-41.

Sousa, D. A., & Pilecki, T. (2013). *From STEM to STEAM: Using brain-compatible strategies to integrate the Arts.* Thousand Oaks, CA: Corwin Press.

The White House, Office of the Press Secretary. (2009). *Educate to innovate.* Retrieved from https://obamawhitehoue.archive.gov/the-press-office/president-obama-lanches-educate-innovate-campaign-excellence-science-technology-en

UK Government. (2017). *Building our industrial strategy: Green paper.* Retrieved from https://beisgovuk.citizenspace.com/strategy/industrialstrategy/supporting_documents/buildingourindustrialstrategygreenpaper.pdf

United Nations, Educational, Scientific, and Cultural Organization. [UNESCO] (1996). *Learning: The treasure within.* Retrieved from http://unesdoc.unesco.org/images/0010/001095/109590eo.pdf

US Department of Education. (2016). *STEM 2026: A vision for innovation in STEM education.* Retrieved from https://innovation.ed.gov/files/2016/09/AIR-STEM 2026_Report_2016.pdf

Zan, B. (2016a). Introduction: Why STEM? why early childhood? why now? In Regents' Center for Early Developmental Education at the University of Northern Iowa. (Ed.), *Learning with young children: Inquiry teaching with ramp and pathways* (pp. 1-7). New York, NY: Teachers College Press.

Zan, B. (2016b). Why use ramps and pathways? In Regents' Center for Early Developmental Education at the University of Northern Iowa. (Ed.), *Learning with young children: Inquiry teaching with ramp and pathways* (pp. 8-21). New York, NY: Teachers College Press.

Zuckerman, G. A., Chudinova, E. V., & Khavkin, E. E. (1998). Inquiry as a pivotal element of knowledge acquisition within the Vygotskian paradigm: Building a science curriculum for the elementary school. *Cognition and Instruction, 16* (2), 201-233.

國家圖書館出版品預行編目（CIP）資料

具 STEM 精神之幼兒探究課程紀實：「一起創建遊戲樂園」
主題／周淑惠作. -- 初版. -- 新北市：心理, 2018.04
　　面；　公分. --（幼兒教育系列；51197）

　　ISBN 978-986-191-823-5（平裝）

1.學前教育 2.學前課程 3.課程研究

523.2　　　　　　　　　　　　　　　　　　　　107004759

幼兒教育系列 51197

具 STEM 精神之幼兒探究課程紀實
「一起創建遊戲樂園」主題

作　　　者：周淑惠
執行編輯：高碧嶸
總　編　輯：林敬堯
發　行　人：洪有義
出　版　者：心理出版社股份有限公司
地　　　址：新北市新店區光明街 288 號 7 樓
電　　　話：(02) 29150566
傳　　　真：(02) 29152928
郵撥帳號：19293172　心理出版社股份有限公司
網　　　址：http://www.psy.com.tw
電子信箱：psychoco@ms15.hinet.net
排　版　者：辰皓國際出版製作有限公司
印　刷　者：辰皓國際出版製作有限公司
初版一刷：2018 年 4 月
初版三刷：2020 年 10 月
Ｉ Ｓ Ｂ Ｎ：978-986-191-823-5
定　　　價：新台幣 300 元